CATALOGUE

D'UNE CURIEUSE COLLECTION DE

DOCUMENTS IMPRIMÉS

SUR

TOUTES LES PROVINCES DE FRANCE

DONT LA VENTE AURA LIEU

LE MERCREDI 7 MAI 1862,

RUE DES BONS-ENFANTS, 28,

à sept heures du soir,

Par le ministère de Me SOYER, Commissaire-Priseur, rue du Dauphin, 10,

assisté de M. CHARAVAY.

PARIS
CHARAVAY, LIBRAIRE,
EXPERT EN AUTOGRAPHES,
rue des Saints-Pères, 18 (ci-devant rue de Seine, 53).

1862.

CATALOGUE

D'UNE CURIEUSE COLLECTION DE

DOCUMENTS IMPRIMÉS

SUR

TOUTES LES PROVINCES DE FRANCE

DONT LA VENTE AURA LIEU

LE MERCREDI 7 MAI 1862,

RUE DES BONS-ENFANTS, 28,

à sept heures du soir,

Par le ministère de Me SOYER, Commissaire-Priseur, rue du Dauphin, 10,

assisté de M. CHARAVAY.

PARIS

CHARAVAY, LIBRAIRE,

EXPERT EN AUTOGRAPHES,

rue des Saints-Pères, 18 (ci-devant rue de Seine, 53).

1862.

AVIS.

Il y aura de une heure à trois, exposition des Documents qui seront vendus le soir.

On percevra 5 centimes par franc applicables aux frais.

M. Charavay, chargé de la vente remplira les commissions qu'on voudra lui confier.

Nota. Le Catalogue sera envoyé à toutes les personnes qui en feront la demande par *lettres affranchies.*

STRASBOURG, TYPOGRAPHIE DE G. SILBERMANN.

Cette collection de brochures était réunie à des *documents manuscrits*, dont le catalogue sera distribué en même temps. Elle n'offre pas un moindre intérêt.

Ces pièces sont presque toutes relatives à la révolution, depuis l'assemblée des Notables jusqu'au 18 brumaire. Pamphlets, écrits polémiques, rapports des représentants en missions pendant la Terreur, et à l'époque de la réaction thermidorienne, actes des sociétés populaires et des corps administratifs, discours, opinions et adresses des députés du département aux Assemblées constituantes et législatives, à la Convention, aux conseils des Cinq-Cents et des Anciens; enfin, la plupart des publications historiques de cette époque si émouvante se retrouvent là. On sait combien sont rares tous ces écrits de quelques pages, toutes ces feuilles volantes, condamnées par leur forme à une inévitable destruction.

Les notices, les éloges, les oraisons funèbres des personnages célèbres nés dans chaque département, complètent, dans le catalogue, l'histoire par la biographie.

En donnant les titres, nous avons dû les abréger, et nous le regrettons : les décrire exactement en y ajoutant quelques analyses, ce serait rendre un grand service aux personnes qui s'occupent de l'histoire locale. Rien de semblable n'existe en bibliographie, excepté l'ouvrage de M. Gonon sur le département du Rhône.

Toutes les pièces annoncées dans le catalogue sont brochées et dans un parfait état de conservation, à moins d'indication contraire.

DOCUMENTS HISTORIQUES IMPRIMÉS

SUR

LES COMMUNES DE FRANCE.

1. **AIN.** Jugement du grand-bailliage de Bourg-en-Bresse, 1788. Observations sur la constitution politique du Bugey, 1789; Observations de plusieurs milliers de créanciers de la maison Rohan-Guémenée; Rapports sur l'échange de la Dombes, par Le Bœuf et Enjubault, 1791 et 1792; Cahier de l'ordre de la noblesse du Bugey, 1789; Pétition et mémoire à la Convention contre les arrestations arbitraires faites par ordre d'Amar et Merlino, mai 1793; Rapport, au nom des commissaires envoyés, dans le Doubs, le Jura et l'Ain, par Prieur (1793); Albitte, envoyé pour l'exécution des mesures de salut public dans le département de l'Ain, aux autorités publiques (an II); la Vérité en réponse aux calomnies dirigées contre le département de l'Ain, à la tribune des Jacobins; l'Arrivée du père Duchesne à Bourg; tableau des ci-devant prêtres du département de l'Ain, placards in-fol.; Arrêtés d'Albitte (an II), placards in-fol.; Gouly, à ses collègues et à Dubois-Crancé; Supplément au compte rendu de Gouly, de sa mission dans l'Ain, Saône et Loire, les aventures du petit Gouly; Tableau des crimes commis dans le district de Bellay, an III; Coup d'œil sur les manœuvres des intrigants de la commune de Bourg, an III; Dénonciation de la commune de Bourg, contre Amar, Javogues, Albitte et Méaulle, an III. — DÉPUTÉS. Rapports, discours, opinions, etc., de *Clermont-Mont-Saint-Jean*, *Deydier*, *Gauthier*, *Girod*, *Groscassand*, *Vézu*, *Royer*, *Ferrand* et *Camille-Jordan*, douze pièces; Un placard contre Sonthonax; Discours de Desisles, 1792; Deprez-Crassier à la Convention, en tout trente-six pièces, in-8, br.

2. — Noels Bressands, *Pont-de-Vaux*, 1797, in-12, br.; Notes historiques sur les travaux de la société d'émulation de l'Ain, par Riboud, 1817; Voyage dans le département, par J. La Vallée, vers à la mémoire de G. de Moyria, par B. de Pollet, 1839; Esquisses poétiques du département de l'Ain, par G. de Moyria, *Bourg* 1841, etc., en tout six pièces, in-8, br.

3. — NOTICES. Eloges funèbres, notices, discours, rapports, etc., sur le général Joubert, seize pièces; Discours de Riboud, sur la mort du général Dallemagne; Notice sur P. Requin, par Chevalier; Vie révolutionnaire de Blanq-Desisles; Notices ou éloges de Méziriac, Bichat, Maissiat, Breghot-du-Lut, B. Gonod et Fiard; Mémoires de Collet, Marennes 1836, in-8, portrait; Vie de Jean-Claude Romand, forçat libéré, par Servan de Sugny, Paris 1846, in-8; Inauguration de la statue de Bichat, 1857. Eloge de Récamier, par le docteur Gouraud, 1853, 137 p., en tout vingt-huit pièces ou volumes, br.

4. **AISNE.** Lettre à M***, par M..., 1790. Dialogue entre le roi et l'évêque de Laon (1791), Mandement de l'évêque de Soissons, 1792; Discours prononcé publiquement par Fr. Dupré, agent municipal de Charly, an IV, placard in-fol. et cinq pièces; dix pièces. Lois relatives au département, 1791-1792; Proclamation du général Chabert pour la levée en masse en 1814; les Notaires de Laon aux représentants de la République, 6 p. in-8. Députés. Jean *Debry*, sur le procès de Louis XVI, etc.; *Quinette*, Opinions, projet de décret contre les conjurés de Coblentz et sur le procès de Louis XVI, quatre pièces; *Petit* (Edme), Opinions sur le jugement de Louis XVI; Opinion, discours, etc., de *Beffroy*, *Duplanquet* et *Bouchereau*; *Beffroy de Reigny*, testament d'un électeur de Paris. Roger et Billie, à tous les patriotes. Voyage dans le département par Lavallée, fig.; Statistique du département, par Dauchy; Siége et bataille de Saint-Quentin en 1557, par Gomart, 1850, plan, etc., trente-sept pièces in-8, br.

5. — Notices. Notice sur Condorcet, par Dianyère, an IV et an VII, deux éditions; Essai sur la vie de Cam. Dumoulins, par Matton; Mémoires sur Antoine Benezet, par R. Vaux, *Londres* 1824; Notice sur le général d'Aboville, par Forget; Eloge de Paillet, par J. Larnac, 1857; Demonceaux, sur la mort de Lecarlier, sept pièces in-8, br.

6. **ALLIER.** Factum pour la défense du droit des habitants et religieux de Moulins, sur le choix des sépultures, in-4; Précis de la vie de l'abbaye de Sept-Fons, en Bourbonnais, 1784; l'Eglise et l'ancien prieuré de Souvigny, par Joséphine Mallet, 1841, fig.; Cahiers de l'ordre de la noblesse et du clergé du Bourbonnais, 1789, deux pièces; Procès-verbaux de l'inauguration du buste de Lepeletier, à Moulins, en présence de Fouché, de Nantes, 1793, in-4; le Citoyen Marion *Brillantais*, au comité de salut public, an III, etc., neuf pièces in-8 et in-4, br. — Députés. *Dalphonse*, Opinions et rapports, six pièces; *Chabot*, Opinion, rapport, discours, etc., six pièces; *Petit-Jean*, *Hennequin*, *Forestier*, *Boisrot de la Cour Beauchamp*, *Martel* et *Vernin*, onze pièces; Voyage dans le département, par Lavallée, fig. — Notices sur Chabot de l'Allier, Funérailles de Destutt de Tracy et notice; Biographie de l'abbé Chatel, quatre pièces, en tout quarante et une pièces in-8, br.

7. **ALPES** (Hautes). Descendances de nobles, Joseph-Pierre-Scipion et François de Montauban frères, 16 p. in-4; Descendance des sieurs de Montauban, 1639, 4 p. pet. in-fol. avec blasons coloriés, la pièce est un peu tachée. Un autre factum de 1725, concernant la même famille, 4 p. in-fol.; Mémoire sur la statistique du département, par Bonnaire, *Gap* an IX, in-8, br.; le Berger des Alpes, par L. E. Faure, *Paris* 1807, 1 vol. in-12, rel. v. filets; Histoire, antiquités, usages, dialectes des Hautes-Alpes, par Ladoucette, *Paris* 1820, 1 vol. in-8, figures, 1/2 rel. v. à nerfs. — Députés. *Izoard*, Vœux sur le jugement de Louis XVI; Rapport sur les décrets rendus contre Lyon, an III; *Serres*, Quelques vérités sur les bases constitutionnelles, 1793; Quelques réflexions sur l'instruction publique, 1793; *Lambert*, Appel aux royalistes, an V; les Représentants des Hautes-Alpes aux corps administratifs du

département, 1793. — Notice sur Villars, par Ladoucette, 1818; Histoire du général Lamotte de Lapeyrouse, par Chérias, *Gap* 1842, 1 vol. in-8; Vie de Guillaume Farel, par Goguel, 1841, in-12, en tout 17 broch. ou vol. in-8 et in-12, br.

8. **ALPES** (Basses). Mémoire pour la ville de Manosque, 1790; Adresse des députés des sociétés populaires réunies à Digne, 14 mars 1793; les Citoyens opprimés de la Commune de Digne, au représentant Gauthier, an II, trois pièces in-8. — Députés. *Juglar*, Discours sur la contribution foncière, 1792; *Pulhier*, Opinion sur la police des cultes, an V; *Bouret*, Opinion concernant le brûlement des titres, 1793; à ses Commettants, *Savornin*, Motion d'ordre et à la commission des Onze; *D'herbès Latour*, *Brun* et *Manuel*, trois pièces; treize pièces in-8, br. — Histoire médicale des eaux de Gréoulx, par Robert, 1807, 1 vol. in-12, br.; Voyage dans le département, par J[h] Lavallée, avec figures; Notice histor. et statistiq. de la ville de Mées, par Esmien, *Digne* 1803, 1 gros vol. in-8, br., taché au commencement, en tout seize pièces.

9. — Notices. Oraison funèbre de A. M. d'Eymar, par de Joux, an XI; Eloge de Raynal, par Cheral-Montréal, 1796; Raynal démasqué, ou Lettres sur sa vie et ses ouvrages, 1791, portr.; Vie privée de l'ex-capucin Chabot et de Chaumette, an II; Notice sur Bayle, par Deleuze; Notice sur la vie et les ouvrages de G. L. Bayle, par L. J. Bayle, 1834; Notice sur Rabbe; Biographie de Affre, archevêque de Paris, par un homme de rien; Oraison funèbre du même, par l'abbé Cœur, 1848; Biographie de M. Annat; Relation historique des obsèques de Manuel, 1827, en tout onze pièces, in-8, br.

10. **ARDÈCHE.** Délibération de Villeneuve-de-Berg, 1788; Manifeste de 50,000 français fidèles, armés dans le Vivarais, pour la cause de la religion et de la monarchie, au camp de Jalès, 1790; Correspondance des princes français avec Du Saillans, 1792; Dialogue entre un huissier d'Annonay et un cultivateur; Instruction de l'évêque de Viviers aux habitants de la campagne, 1792; Adresse des citoyens d'Annonay, 1793, etc. — Députés. Discours, opinions, rapports, etc., à l'Assemblée nationale ou à la Convention, par *Fressenel*, *Boissy-d'Anglas*, *Gleizal*, *Saint-Prix*, *Gamon*, *Monneron* et *Saint-Martin*; Voyage dans le département, par J. Lavallée; Annuaires pour l'an X, 1830, 1839, etc. — Notices sur *Boissy-d'Anglas*, *Riffard Saint-Martin* et *Aug. Gastine*, en tout trente-six pièces in-8.

11. **ARDENNES.** Arrêtés du bailliage de Sédan, 1788; Adresse de la ville de Mouzon à l'Assemblée nationale, 1789; Adresses des électeurs à l'Assemblée nationale, 1790; Mémoire pour les villes de Givet et de Charlemont, 1791; Adresse du bataillon de l'Allier sur le 10 août 1792; Rapport de citoyens de Sédan, 31 août 1792; Rapport particulier de Carra, sur sa mission dans les Ardennes, 1792; Rapport de Beauvais sur le même sujet; Lettres du général Harville à la Convention, 1793, in-4; le Citoyen Jacquot à la Convention, an II, in-4; Second mémoire pour Gilbert Jacquemart, curé de Flouing, an III, in-4; Discours de Calès, prononcé au Champ-de-Mars de Sédan, le 10 août, an II; Rapports de Calès, Perrin et Levasseur, sur leurs missions dans les Ardennes; l'Evêque des Ar-

dennes à la Convention; Arrêté de Guyton Morveau, *Mézières*, an II, placard in-fol.; Mémoire à la Convention par les commissaires de la Société populaire de Couvin, an II, in-4, etc.], vingt-cinq pièces in-8 et in-4, br.

12. — Députés. *Baudin*, Rapports, discours, réflexions, etc., sur le 18 fructidor, sur les opinions religieuses, l'abolition de la peine de mort, etc., douze pièces; *Dubois Crancé*, Rapports, discours, lettres, motions à l'Assemblée nationale, à la Convention ou aux Jacobins, douze pièces; *Damourette*, *Menesson*, *Baudin*, *Piette*, *Barra*, *Daverhoult*, *Mallarmé*, *Golzart*, etc.; Rapports, discours, opinions, comptes rendus, à l'Assemblée nationale, à la Convention ou au Conseil des Cinq-Cents, vingt-quatre pièces; Voyage dans le département, par Lavallée, figures. — Notices sur *Corvisart*, *Berton* (le général), *Baudrillart*, *Hachette*, *Ternaux*, *Gerton*, *Baudin* des Ardennes, etc., neuf pièces, en tout cinquante-sept pièces in-8, br.

13. **ARRIÉGE.** Lettre du roi pour les élections du comté de Foix, 1789; Précis de la pétition lue à la Convention par les commissaires des sociétés populaires de l'Arriége, an II, in-4, etc., cinq pièces. — Députés. *Vadier*, Opinion sur l'affaire de Pamiers, 1790; Opinion sur le jugement de Louis XVI; Rapports sur l'administration des revenus des pauvres, sur Cath. Theos; Réponse, résumé, encore un mot, etc., contre Darmaing; Réponses à l'adresse des habitants de Foix, et à la pétition de la fille *Bardon*; Supplément au tableau des crimes de Vadier, par Darmaing; Extrait de soixante ans de vertu; Vadier à ses collègues, quinze pièces; *Lakanal*, Opinion dans le procès de Louis XVI; Rapports sur la translation des cendres de J. J. Rousseau au Panthéon et sur le télégraphe; Projet d'éducation, quatre pièces; Rapports, opinion, adresse, etc., de Franç. *Ille*, de *Clauzel*, *Gaston*, *Abolin d'Usson* et *Bergasse Laziroulle*, huit pièces; Voyage dans le département par J[h] Lavallée, figures. — Notices. Exposé des travaux de Lakanal, 1838; Lakanal, sa vie et ses travaux, par G. Saint-Hilaire, 1849; Notice sur Frédéric Soulié, 1847, portr.; trente ans de ma vie ou mémoires politiques et littéraires, par Labouisse Rochefort, 1845, 256 p., en tout trente-six pièces in-8, br.

14. **AUBE.** Le Coup manqué ou le retour de Troyes, 1787; Doléances du clergé de Bar-sur-Seine, 1789; Observations des députés de Troyes, Gillet et Parent (contre Truelle), 1789; Contrat de mariage de Remi Vinchon, curé d'Herbisse, 1791; Réponse des Jacobins de Paris à ceux de Troyes, 7 janvier 1793; Proclamation de Fouché aux habitants de l'Aube, Troyes, 29 juin 1793, 4 p. in-4, *rare*, six pièces. — Députés. *Bouchotte*, Discours, observations et réflexions, quatre pièces; Opinions, de *Rabaut*, sur le procès de Louis XVI, de *Ludot* sur les dangers de la patrie, portrait de *Laveaux*; Réponse de Laveaux à ce pamphlet, etc. — Ephémérides de Grosley, 1811, 2 vol. in-12, br.; Lettres d'E...mée... ou Journal d'un voyage à Paris, en Champagne, etc., Troyes 1791, in-8. — Notices sur Huet (Pierre), Gouault, Beurnonville, Girardon (Fr.), Faubert, Pithou (Pierre) et le baron de Sainte-Suzanne, sept pièces, en tout vingt-cinq pièces ou volumes.

15. **AUDE.** Députés. *Azéma*, *Ramel*, *Girard*, *Fabre de l'Aude* et

Fabre d'Eglantine, *Montpellier* et *Méric :* Rapports, discours, opinions, à la Convention ou au Conseil des Cinq-Cents, douze pièces. — Cri de l'honneur, cri contre Albion; Lettres à un rentier, la 1re, 2e, 4e et 5e; Réponse de Lagarde, secrétaire du Directoire, aux inculpations dirigées contre lui, an VII; Voyage dans le département, par Jos. Lavallée; Oraison funèbre de Cl. Rebé, archevêque de Narbonne, 1659, in-4; Eloge de Janin de Combeblanche, par Pointe, 1825, en tout vingt-quatre pièces.

16. — Histoire des comtes de Carcassone, par G. Besse, *Béziers*, 1645, 1 vol. in-4, titre gravé, rel. vélin.

17. **AVEYRON.** Rapport, par Borie, sur la dénonciation du district de Saint-Genies contre la municipalité, an II, 115 p. rog.; Voyage dans le département, par Lavallée, fig. — Députés. *Seconds*, Opinions dans le procès de Louis XVI; l'Art social, 1er, 2e et 4e cahiers; *Louchet*, Opinions sur le procès de Louis XVI; Motion du 26 vendémiaire an IV; *Bo* et *Bernard*, Opinions sur le procès de Louis XVI; Lettres, adresses et des assassinats politiques, par Raynal, etc., quatre pièces, en tout dix-neuf pièces in-8, br.

18. **BOUCHES-DU-RHONE.** Arrêté des intendants de la santé de Marseille, 1728; le Noyau de pêche ou 60,000 fusils découverts à Marseille, 1789; Avis de Duquesnoy sur les troubles de Marseille, 1789; Relation des fêtes patriotiques de Marseille, dans lesquelles ont assisté 4000 femmes vêtues en blanc, avec des ceintures à la Nation et une cocarde au bras gauche; Marseille sauvée, ou Détail du siége et de la prise du fort Saint-Jean (1789); les Trois journées mémorables de Marseille; Pièces relatives à l'occupation des forts de Marseille et de Montpellier, 1790; Petit mot d'un Marseillais sur le mémoire des princes; Rapport sur le régime à donner au port et au territoire de Marseille, par Meynier; Lettre du général Montesquiou à M. Mourraille, 1792; Discours sur l'état actuel du département des Bouches-du-Rhône, par Loys, 1792; Copie de la déposition d'Et. Seytres, 1793; Adresse à l'Assemblée nationale par les amis de la Constitution de Marseille, par les sections et les administrateurs du district, 1790-1792 (neuf pièces); Pétition des onze sections de Marseille, et Rapport de Barère à ce sujet, en 1793; Copies des lettres de la députation des Bouches-du-Rhône à la société populaire de Marseille, an II; Extrait des registres de la vingt-quatrième section de Marseille, 1793; Adresse et épître aux Marseillais; Bases du rapport sur les subsistances par Dedelay, 1793; Motion d'ordre, rapport et opinions sur le décret qui suspend les franchises des ports de Marseille, etc., par Poultier et Scellier, an III; Tableau de route des vingt-huit prisonniers de Marseille traduits à Paris, et réponse de Bétemps; Rapport sur la situation de Marseille, par Guffroy, an III; A toutes les sociétés populaires (par les Jacobins de Marseille), 1793; Lois et décrets relatifs au département, dix-huit pièces, deux pièces relatives à la société populaire de Marseille et au comité de surveillance d'Aix, an II; Rapport sur la commune de Marseille, par Barère, an II; Opinions et discours de Chabert et Laussat sur l'élection des juges et le départ des conscrits des Bouches-du-Rhône, an IV et VII, etc.; Supplications très-

respectueuses des négociants et armateurs de Marseille au roi, 1821, in-4, etc., en tout soixante-neuf pièces *in*-8, br.

19. — Voyage dans le département par Lavallée, fig.; Mémoires du général Puget Barbantane, *Paris* 1827, 1 vol. in-8; Projet d'un dictionnaire provençal français, par Honorat, *Digne* 1840; Chroniques et traditions provençales, par Denis, *Toulon* 1831, 4 vol. ou brochures in-8.

20 — Réaction thermidorienne. Mémoire justificatif de Maillet et Giraud, président et accusateur public du tribunal criminel révolutionnaire des Bouches-du-Rhône, an III; Espert à ses collègues et au comité de sûreté générale, an III; Rapport de Clausel sur les troubles de Marseille, 1er et 2e rapport de Bicord sur ses missions à l'armée d'Italie et à Marseille; Rapport d'Auguis et Serres sur leur mission dans les Bouches-du-Rhône, le Var et l'Ardèche, 1er et 2e rapport de Chambon sur ses missions dans les Bouches-du-Rhône, le Var et Vaucluse; Rapport et divers autres écrits de Cadroy sur les missions dans les départements méridionaux; Rapports de Dumas et Thibaudeau sur les assemblées primaires de Marseille, an IV; Mémoire de Fréron sur la réaction royale et les massacres du Midi; Réponse de Durand Maillane au mémoire précédent; Dernier état du Midi, par le même; Motion d'ordre de Pomme sur une adresse des républicains de Marseille, an VI, en tout vingt pièces et 1 vol. in-8, br.

21. — Restauration. La Terreur et les terroristes, par Berenger, 1814; Marseille, Nîmes et ses environs, 2e et 3e partie; Réponse des Marseillais au mémoire de Masséna, 1816; Lettre d'un Marseillais à Masséna; Histoire miraculeuse et véritable de la grande mission de Marseille, par le R. P. Rablot, 1819; Rapports et opinions de *Becquey*, *Duhamel*, *Fauris Saint-Vincent* et autres sur la franchise du port de la ville et du territoire de Marseille, douze pièces, en tout dix-huit pièces in-8, br.

22. — Députés. *Bouche*, Droit public du comté; Etat de la Provence, Aix 1788; Chartre, contenant la constitution française, 1789; A bonne interpellation mauvaise réponse. *Blanc Gilli*, Plan de révolution concernant les finances, 1790; Réveil d'alarme aux bons citoyens de Paris. — *Isnard*, Sa proscription, an III; *Dandré*, *Peloux*, *Ricord*, *Pellissier*, *Pastoret*, *Durand-Maillane*, *Barbaroux*, *Mainvieille*, *Duprat*, *Sinety*, *Bayle*, *Bernard*, *Siméon*, *Jourdon*, *Portalis*, etc.; Rapports, discours, opinions, motions, etc., trente-cinq pièces.

23. — Notices. Eloge de *Balechou*, par Palissot; Eloges de Turc de Castelveyre, par Moreau Saint-Méry; Eloge de Puget, 1807; Notice sur Adanson, par Joyand, 1806; Notice sur Emeric David, par Walckenaer; Notice sur J. J. Barthélemy, par Villenave, 1821; Discours sur la mort du marquis de Barthélemy; Eloge de Dumarsais, par de Gerando, 1805; Notice sur Papavoine et Fort, 1824; Vie du fameux brigand Graffan, dit Quatre-Taillons, 1831; Précis de la vie ou confession générale du comte de Mirabeau, 1789, portr.; Vie publique et privée du comte de Mirabeau, portr., 2e édit.; Etude sur Mirabeau, par V. Hugo, 1834; Vie privée du vicomte de Mirabeau, 1790, portr.; Biographie de Berryer, 1839; Berryer, par un homme de rien, 1839; Etude sur la vie privée, politique et littéraire

de M. A. Thiers, par Alex. Laya, 1846, 2 vol. in-8, fig.; Paradoxes et palinodies de M. Thiers, 1844, in-8; Thiers, par Eug. de Mirecourt, 1854, in-18; Notices sur Pastoret, par Walckenaer, sur Siméon, par Mignet, sur Rainaud, Mignet, Granet, Laget, Beaume, etc.; Notice biographique sur Borely, 1853, en tout trente-deux pièces ou vol. in-8.

24. — Aix. Discours de M. de Callissane; Discours du premier président de la chambre des Comptes d'Aix, 1788, lettre des avocats au Parlement de Provence au garde des sceaux, 1788; Edit portant réduction d'office dans le Parlement d'Aix, 1788; Récit de ce qui s'est passé à Aix, à l'occasion de l'arrivée de M. de Caraman; Protestation des officiers du Parlement d'Aix; Défense de la protestation du clergé, par l'archevêque d'Aix, 1789; Lettre de M M... à M. P..., ou relation des événements qui se sont passés à Aix, du 25 au 29 mars 1789; Mémoire historique des événements arrivés à Aix le 12 décembre 1790; Mandement, discours, instructions et observations de l'archevêque d'Aix, troubles de la ville d'Aix, par Puget Barbantane, 1792, deux pièces de la société des Anti-Politiques d'Aix; l'Eglise cathédrale d'Aix, par C. Gaszinski, 1836, etc., en tout dix-huit pièces in-8, br.

25. — Arles. Lettre des commissaires civils aux Jacobins de Paris, 1791; Dénonciation contre Mallet du Pan, par les amis de la Constitution d'Arles, in-4; Briève réponse aux détracteurs des citoyens d'Arles, in-4; Déclaration du corps municipal, plaidoyer au tribunal d'Arles, par Durand, 1792; les Députés des Bouches-du-Rhône et d'Arles aux citoyens de Paris, 1792; Rapport des commissaires civils envoyés à Arles, 1792; Rapport sur les troubles d'Arles, par Delpierre, 1792; Compte rendu, par Cahier, sur les troubles d'Arles; Supplément aux observations sur le rapport de De Bourge, par Antonelle; Adresse de la municipalité d'Arles et pétition des citoyens de la ville à l'Assemblée nationale; Rapport des députés extraordinaires de la commune d'Arles, compte rendu sur la conspiration des chiffonistes; Rapport sur la situation de la ville d'Arles, 1792; Rapport sur la conduite dé la municipalité d'Arles; Histoire du terrorisme dans la commune d'Arles, an III; Mémoire pour la commune d'Arles; le Commissaire central des Bouches-du-Rhône à Antonelle, an VII; Mémoire à l'Assemblée nationale par les gardes nationaux de Tarascon, etc., vingt pièces in-8, br.

26. **CALVADOS.** La Vérité triomphante de l'erreur ou la défaite du sieur Dubosq, ministre de Caen, par le sieur Cotherel, ministre converti d'Agen, 1681, in-4; Mémoire pour les curés à portion congrue, par Leclerc de Caen, 1765, in-4; Extrait des pièces collationnées concernant le bailliage de Bayeux, 1585-1650; Jean Hennuyer, évêque de Lisieux, Drame, par Mercier, 1790; A MM. les administrateurs de département et de district (par les Jacobins de Caen); Observations à l'Assemblée par les députés extraordinaires de Caen; Petit Cathéchisme à l'usage de M. le curé de Saint-Pierre de Caen, par Blondel; Adresses de la société des Amis de la constitution de Caen à l'Assemblée nationale et aux habitants de la campagne, 1791; Lettre du roi au Directoire du département sur l'acceptation de la Constitution, 1791; Décrets relatifs au département;

Idées de M. Gervais, curé de Saint-Pierre; Adresse des députés extraordinaires de Lisieux, 1790; Mémoire pour les quatre-vingt-quatre citoyens détenus dans la Tour de Caen, 1792; Résumé pour les quatre-vingt-quatre prisonniers, etc.; Adresses des administrateurs du Calvados à la Convention, 1793; Conduite révolutionnaire des Commune et Société populaire de Caen, an II; Discours prononcé par Lefrançais à l'anniversaire du 21 janvier an IV; Copie manuscrite, dix-huit pièces. — Députés, Fauchet (C. L.), Discours (3) sur la liberté française, et serment sur l'accord de la religion et de la liberté; Confession de l'année 1791 (Dialogue entre cette année et l'abbé Fauchet); Discours, rapports, opinions, etc., de Dubois-Dubais, Bertrand, Vardon et Doulcet, sur la fête du 10 août, le vagabondage, la déclaration de la patrie en danger; Richer Serisy, Mémoire à consulter; Au Directoire an VI; Le 35e numéro de l'Accusateur public, *rare*; Voyage dans le département par Lavallée; Mémoires, notices et rapports sur les travaux de la société d'agriculture de Caen, cinq pièces, dont deux imprimées sur papier paille; Description d'un monument arabe existant en Normandie, par J. Spencer Smyth, 1820; Annuaire normand pour 1836, en tout soixante-trois pièces.

27. — Notices. Extrait du procès-verbal relatif à la mort de M. de Belzunce, 1789; Détails véridiques de la mort du comte de Belzunce, 1789; Vie de l'abbé Fauchet, par l'abbé de Valmeron, 1791, portr.; Notes sur Claude Fauchet, 1842; Eloge de Richer-Sérisy, 1847; Notice sur le général de Caen; Eloge de Choron, par Gautier, 1845; Notices sur Malherbe, La Place, Varignon, etc., par Puiseux, 1847; Notices sur Chibourg, Laugier et Duval-le-Camus, en tout onze pièces in-8, br.

28. **CANTAL.** La Révolution du Cantal (6 brumaire l'an III) ou exposition de ce qui s'est passé dans la commune d'Aurillac avant et après le 9 thermidor, rédigée par ordre du représentant Musset, in-4 de 120 pages; Lois et décrets relatifs au département. — Députés. Lacoste, Discours et opinion sur le jugement de Louis XVI et sur la conjuration formée dans le sein de la Convention; Deuxième lettre à ses commettants; Ode de Mailhe sur la fondation de la République; Lettre et plaidoyer de Gazard, 1833; Voyage dans le département, par Lavallée, fig. — *Lafayette*. Discours au corps municipal de Paris, 1790; Nouvelle conspiration découverte par Lafayette, 1791; Interrogatoire de M. de Lafayette; Adresse de l'armée du Centre (sur les événements du 20 juin 1792); Crimes de Lafayette en France, 1792; Mémoire de Lally Tollendal au roi de Prusse pour réclamer la liberté de Lafayette, 1795; Vie privée de Lafayette, 1790, portr.; Vie publique et privée de Lafayette, 1791; Vie politique de Lafayette, par Gigault, 1833; Vie de Lafayette, 1834; Notice sur Lafayette, par Boullée, 1841. — Notices sur le général Manhès, 1817; sur Durat-Lasalle, 1846; sur l'abbé de Dienne, par Labouderie, 1823, avec une lettre aut. sig. de l'auteur; Eloge de Dumont d'Urville, par Cabrié, 1843, en tout vingt-huit pièces in-8 et in-4, br.

29. **CHARENTE.** Adresse du maire et du procureur de la commune de Cognac à l'Assemblée nationale, 1792; Idée d'un citoyen de la Charente (Mathé), sur les subsistances; l'Administration municipale de La Rochelle au citoyen Delacoste, an VII;

aux Représentants composant les deux conseils, par Dumonteil, Vigneris, etc., cultivateurs; Décrets relatifs au département. — DÉPUTÉS. *Bellegarde* et *Lassée*, Opinions et adresses, cinq pièces; Voyage dans le département, par Lavallée. — NOTICES. Dissertation sur le chroniqueur Adémar, par Castaigne, 1850; Vie de Rose-Françoise Gilbert des Héris, 1841; Notice sur Marguerite d'Angoulême, par Castaigne, 1837, in-18; J. L. Guez de Balzac, par Marron; Notice sur le général Montalembert, par Desaudray; Notice sur Babaud Laribière, 1851; Eloge du duc de Montausier, 1784, en tout dix-neuf pièces.

30. **CHARENTE-INFÉRIEURE.** Le Siége de la Rochelle, poëme, par Anglès; Mémoires à l'Assemblée nationale pour la municipalité de Saint-Jean-d'Angély, 1790; le Règne de Louis XVI, par un Français dont un des pères a eu le bonheur de réunir les Rochellois à leur roi; M. A. Jullien à la société populaire de la Rochelle, an II; Discours de Levallois sur les manœuvres des royalistes dans la Charente-Inférieure, an VII; Ordre du jour du général Thouvenot pour la place de Rochefort, 1815, etc. — DÉPUTÉS. Rapports, discours, opinions, prononcés à la Convention, aux Jacobins ou au conseil des Cinq-Cents, par *Dechezeaux*, *Regnault*, *Garnier* (de Saintes), *Lemercier*, *Eschasseriaux*, *Chassiron*, *Lozeau* et *Delacoste*, trente-trois pièces; Compte rendu à la Convention par Ruamps, Borie, etc., de leurs travaux du 27 juillet 1793 au 29 brumaire; Rapport de Ruamps sur sa mission près les armées des côtes de Brest et de Cherbourg; l'ombre de Loustalot, 1790; la Triste journée, suivie du grand convoi du fameux Loustalot (1790); Voyage dans le département, par Lavallée; Notice, précis sur la vie du fameux Loustalot (1790); Notice sur le général Chasseloup; Notice sur le baron de Chassiron, par Silvestre, 1826; Eloge de M. Ant. de Noé, évêque de Troyes, par Humbert, 1804; Lemercier (le vicomte), en tout cinquante-trois pièces in-8, br.

31. **CHER.** Arrêté du bailliage de Bourges, 1787; Développement relatif à l'échange du comté de Sancerre, 1787; Observations sur l'échange du comté de Sancerre, par Raimond; Dialogue entre le comte de S. B... et M. Dumont, députés de l'Assemblée de Bourges, 1789; Projet de lettre à un citoyen sur son discours projeté aux trois ordres de l'Assemblée de Berry, 1789; Précis de ce qui s'est passé à mon égard à l'Assemblée du Bercy, par le comte Guibert, 1789; Lettre à M. le comte de Guibert sur son *Précis*, etc.; Rapport de Barère sur l'échange de la principauté d'Henrichemont et de Boisbelles; Rapport de Fauvre Labrunerie et Forestier, commissaires dans les départements du Cher et de l'Allier, etc., treize pièces in-8, br.

32. — DÉPUTÉS. *Heurtault*, *Lamerville*, Rapports, motions, discours et opinions sur le Code rural, les mines, le dessèchement des marais, la division des terres, sur les conscrits du département du Cher, etc., seize pièces. — *Bouthillier*, Rapports, projets de décrets, motions et discours prononcés à l'Assemblée nationale sur les biens ecclésiastiques et l'organisation de l'armée, onze pièces; TORNÉ, Discours et opinions prononcés à l'Assemblée législative sur les biens ecclésiastiques, les dangers de la patrie, les prêtres insermentés; Sur Lafayette, etc., dix pièces; Voyage dans le département, par

Lavallée; Description du département, par Luçay, an X. — Notice. Jacques Cœur, par Trouvé, 1840; Vies de saint Ursin et de sainte Solange, apôtre et patronne du Berry, 1828; Notice sur Bourdaloue, par Villenave; Notice sur le même, par l'abbé Labouderie, portr., fac-simile, avec une lettre aut. sig. de l'auteur, en tout quarante et une pièces.

33. **CORRÈZE.** Mémoire des députés de Tulle relatif aux troubles du Bas-Limousin, 1790; Lettre au rédacteur du *Moniteur* sur les troubles du Limousin; observations des députés extraordinaires de Tulle sur la dénonciation de Brival; Adresse au peuple, par la société des Amis de la constitution de Tulle, 1791; Adresses du département et du 1er bataillon de la Corrèze, 1792; Proclamation de la municipalité de Brive; Discours de l'un des deux commissaires de l'Assemblée nationale dans la salle du Corps électoral de la Corrèze, le 16 septembre 1792, huit pièces. — Députés. Discours, opinions, adresses, par *Pénières*, *Borie*, *Lafond*, *Brival* et *Marbot*, treize pièces. — Adresse du citoyen Grenier, 1763; les Administrateurs de Tulle aux hommes qui parcourent les départements pour y allumer la guerre civile, 21 juillet 1793; Deux pamphlets de Savy de la Corrèze; Strophes contre la politique anglaise, par E. Rondet; Voyage dans le département, fig. — Notices. Eloge de Baluze, par l'abbé Vitrac, 1777; Discours sur la tombe de Latreille; Notice sur Marbot, par Rousselin; Notice sur le comte d'Espagnac; Notice sur Petiet, 1806, in-12; Eloge funèbre de Lacoste, 1838; Vie de Mgr Borie, 1844, portr.; en tout trente-quatre pièces in-8 et in-12, br.

34. **COTE-D'OR.** Remontrances du Parlement de Dijon, 1764; Discours au Parlement de Dijon au nom de l'ordre des avocats, 1788; Réflexions d'un citoyen sur le rétablissement des Etats de Bourgogne; Remontrances au roi des gens tenant de sa cour de Parlement et des aides à Dijon; Requête au roi par le Tiers-Etat de Dijon, 1788; Chanson d'un Barôzai, ai l'occasion de l'ai rentrée du Parleman; Journal de ce qui s'est passé à Dijon à l'occasion de la rentrée du Parlement, 1789, 131 p.; Lettre de convocation des Etats généraux pour la Bourgogne, 1789; De la Bourgogne, de ce qu'elle a été, de ce qu'elle est et de ce qu'elle sera, 1789; Au Tiers-Etat de Dijon, par l'abbé Dillon; Délibération de la garde nationale de Dijon, 1790; Instructions de MM. les élus généraux des Etats de Bourgogne, 1790; Mémoire en faveur des acquéreurs des biens nationaux de Bressey; Mémoire pour Noirot et Varnier, et lettres de Becquey à ce sujet; Déclaration de l'évêque de Léon; Mandement du citoyen-évêque de la Côte-d'Or, 1793; Adresse des administrateurs de la Côte-d'Or à la Convention, 1793; la Société populaire régénérée de Dijon à la Convention; à la Société des Amis de la liberté et de l'égalité d'Aignay, par Rouhier; Proclamation de Fouché aux citoyens de la Côte-d'Or, Dijon, an II, 2 p. 1/2 in-4; Discours prononcé à Dijon au Temple de la Raison, par Maikel, an III, 12 p.; Rapport de Bosc sur l'acquisition du parc de Dijon, an IX. — Députés. Rapports, comptes rendus, opinions, discours, etc., prononcés à la Convention ou au Conseil des Cinq-Cents, par *Lambert*, *Berlier*, *Florent-Guiot*, *Guyton*, *Oudot*, *Prieur*, *Basire*, *Guillemot*, *Frochot*, etc., sur le procès de Louis XVI, la Constitution, etc.; Bernard de Saintes, pièces pour ou contre lui, re-

lativement à sa mission dans la Côte-d'Or; Carnot, Réponse aux rapports de Bailleul, sur le 18 fructidor; Second Mémoire, 1799; Discours contre le Consulat à vie; Mémoire au Roi, en juillet 1814, etc.; Voyage dans le département, par Lavallée, fig.; les Fêtes de la mission suivies d'une notice sur la mission de Dijon, 1824, de la liberté de la presse à Dijon, par Peignot, 1836, etc., en tout soixante et onze pièces in-8, br.

35. — Notices. Eloge de Bossuet, par Talbert, 1773; Eloge du même, par Patin, 1827; Eloges de Vauban, par Carnot et Vergnes; Deux panégyriques de la bienheureuse Mère de Chantal, par l'abbé Dollone, 1752; Buffon, par Flourens, 1844; Portrait du comte de Vergennes, 1788; Eloges de Rameau et de Legouz de Gerland; Essai historique sur les services et les travaux scientifiques de Gaspard Monge, par Ch. Dupin, 1819; Notices sur Monge, 1818; Eloge de Monge, 1818; Souvenirs sur Monge et ses rapports avec Napoléon, 1853; Détails circonstanciés de la mort de Carnot, par Lebois (pamphlet); Biographie de Carnot, par Arago, 1850; Notice sur Amanton, par G. Peignot, 1837; Notices sur Lanneau de Marcy, Lepeletier d'Aunay, Nansouty, Marmont, Mauguin et Miel; Notice sur Jules Pautet Duparois, 1853, br.; la Vie de sainte reine vierge et martyre, *Bar-sur-Seine* 1783, in-18, fig. sur bois; Notice sur l'amiral Roussin, 1846, en tout vingt-cinq pièces in-8.

36. **COTES-DU-NORD.** Adjudication du domaine de Dinan, 1716; Mandement de l'évêque de Tréguier, avec la réponse; Adresse aux Bretons; Lettre d'un gentilhomme bourguignon à un gentilhomme breton; Adresse pour la réforme des officiers de l'armée, présentée à l'Assemblée par les Jacobins de Saint-Brieuc, 1791; A la convention, par Bouvier; Recueil de pièces relatives à l'émigré Geslin. — Députés. Rapports, discours et opinions prononcés à la Convention et au Conseil des Cinq-Cents, par *Guyomar*, *Rivoallan*, *Delaporte*, *Girault* et *Goudelin*, sur le procès de Louis XVI, la Constitution, les émigrés, etc.; Voyage dans le département, par Lavallée, fig. — Notices sur Duclos, par Auger et Villenave; Vie de M. Cormeaux, curé en Bretagne, décapité en 1794, 1796, en tout vingt pièces in-8, br.

37. **CREUSE.** Rapport de Thevenin sur les notaires du département de la Creuse; Appel civique de l'administration de la Creuse, an II, 6 p in-4; Voyage dans le département, par Lavallée, fig. — Députés. *Barailon*, Opinions et réflexions sur le procès de Louis XVI; Battue générale des brigands et des fripons: *Lacoste* (Elie), *Cornudet* et *Laipaud*, Rapports, opinions, etc.: Gorsas. Précis des événements du 31 mai, la grande colère de l'honnête homme Gorsas; Réponse aux questions du sieur Gorsas; le Peuple et le Sénat, par Marmontel, en tout dix-neuf pièces in-8, br.

38. **DORDOGNE.** La Dinde aux truffes, 1789, deux éditions, François Fournier aux hommes de bien et à Cambort: Réponse de Borie Cambort aux questions de Fournier; Instruction d'une procédure devant le tribunal de Périgueux contre Planson, 1791; Discours de Pontard, évêque constitutionnel, 1791; Rapport d'Elie Lacoste sur la conspiration de Batz, an II: Discours pour la cérémonie funèbre des rois Louis XVI et XVII, de Marie-Antoinette, à Périgueux, 1814. — Députés. Rapports, opinions de *Pinet*, *Meynard*, *Loys*, *Beaupuy*, *Delfau* et *Bou-*

quier, sur le procès de Louis XVI, les émigrés, etc.; Voyage dans le département, par Lavallée, fig.; les Périgordinismes corrigés, 1818; Notice sur l'abbaye de Cadouin, 1840; Note sur le pont de Saint-Astier, 1852; Notice sur la ville de Saint-Astier, 1841, etc., en tout vingt-cinq pièces in-8 et in-12, br.

39. — Notices. Etienne de la Boetie, par Faugère, 1845, tachée d'eau; Notice bio-bibliographique sur la Boetie, par Payen, 1853; Eloge de Montaigne, 1812; Vie du général Daumesnil, in-18; Autre édition in-8 avec portr.; Discours et rapports de Dupin, Chegaray, Texte et Jaubert, sur la demande d'une pension pour la veuve du général Daumesnil; Notice sur Brard, portr.; Notice sur Maine de Biran, 1851; Eloge de Christophe de Beaumont, 1822; Notice sur Bugeaud et le comte de Saint-Aulaire Girardin (E. de), par E. de Mirecourt, etc., douze pièces in-8 et in-12, br.

40. **DOUBS.** Sur la nouvelle conquête de la Franche-Comté, poëme, par Courtin, 1674, in-4; Arrêtés et remontrances du Parlement de Besançon, 1767, in-12; Arrêté du Parlement de Franche-Comté, 1787-1788; Lettre au garde des sceaux; écrite par le présidial de Besançon; Lettre du Parlement de Besançon au roi, 1787; Hymnes, magnificat et *nunc dimittis*, pour être chantés dans l'abbaye et les paroisses de la Franche-Comté, *Rome* 1789; Règlement pour la convocation de la Franche-Comté aux Etats généraux, 1789, liste des gens du Tiers-Etat appelés pour donner leur avis sur l'organisation des Etats de la Franche-Comté; Acte de plusieurs membres de la Chambre de la noblesse de la Franche-Comté, 1789; Mémoires pour la noblesse nouvelle de Franche-Comté, 1788; Réflexions d'un citoyen de Franche-Comté sur les priviléges de la noblesse, 1789; Protestations contre la délibération de la Chambre du clergé de Franche-Comté: le Prestige détruit, Besançon 1789; Extrait des registres du Parlement de Franche-Comté, 1789; Copie d'adresse de tous les corps du district de Pontarlier, avec signatures autographes, grande dénonciation contre le club des Jacobins, aux officiers municipaux de Besançon, 1790; Adresse de la Commune de Nancray à l'Assemblée nationale, 1790; Ch. Perrin à ses concitoyens; Discours sur les moyens de ruiner l'agiotage, par Bourotte, canonier à Besançon, 1793; Rapport de Siblot et Michaud sur leur mission dans le Doubs et la Haute-Saône, an II; Compte rendu de Bernard de Saintes, sur sa mission dans le Doubs, le Jura, l'Ain, etc., an III; Rapport de Pons de Verdun, sur la pétition de la citoyenne Jaillon; Mémoire pour Michel Doll, marchand de livres à Besançon, an IV; Fête du 10 août à Besançon, an VII; Compte moral de la municipalité de Besançon à ses concitoyens; Réponse au Libelle intitulé: Première notice sur les causes de la réaction dans le département du Doubs, par Briot, an VII; Rapports de Lemercier, Briot, Quirot, Giraud, Lacuée et Viollând, sur la manufacture d'horlogerie de Besançon, an VI et VII; Observations sur les droits présumés féodaux du département du Doubs, par Saillard; Lettres pastorales de Lecoz, 1802; Notes, observations et remarques de Lachiche, sur le projet de jonction du Rhône au Rhin par le Doubs, six pièces in-4; Rapport et autres écrits sur le projet de réunion du comté de Montbéliard au département du Doubs, 1814. — Députés. Rapports, discours, opinions de *Monnot*, *Lomont*,

Briot, *Michaud*, *Louvot*. *Besson* et *Seguin*, à la Convention ou au Conseil des Cinq-Cents; Voyage dans le département, par Lavallée, fig.; Récit du blocus de Besançon en 1814, etc., soixante pièces in-8, br.

41. — NOTICES. Notice sur le général D'Arçon, par Girod Chantrans, avec portr.; Eloge du comte Morand, du colonel Moncey; Testament politique de Ferroux avec une lettre aut. sig.; Eloge de M. Pochard; Notice sur M. Verdant, sur Jouffroy, sur Singier; Eloges de Proudhon, par Lagier et Tenaille; Eloge de Cuvier; Mémoires de Cuvier, par Th. Lacordaire, 1833, 1 vol. in-8, portr.; V. Hugo, par E. de Mirecourt; Eloge de Moncey, par Ch. Dupin, 1843, en tout treize pièces et 1 vol. in-8 et in-18, br.

42. **DROME.** Deux ordonnances du roi, 1626; Divers précis et mémoires pour la duchesse de Mazarin, la duchesse de Valentinois, la marquise de La Charce, etc; Lettre au roi écrite dans les trois ordres du Dauphiné assemblés à Romans, le 14 septembre 1788; Rapport sommaire de Boisset et Bayle envoyés dans la Drôme et les Bouches-du-Rhône; Réponse aux réclamations de la famille Anisson sur la vente de la papeterie de Buges, par Léorier Delisle; Rapport de Bonnaire et Opinion de Crochon sur le même sujet, an VII; Rapport de *Berenger* sur la mise à exécution de la Constitution, an VIII. Opinion de *Julien* sur le jugement de Louis XVI; Annuaire pour l'an XIV; Nouvelle topographie de la Drôme, par Dubois. — NOTICES. Eloge historique de Championnet, par Romieu, an XI; Histoires, du même, par Châteauneuf et Dourillé, 1806-1839; Paul Julien, violoniste, par Martin d'Angers, 1851, portr.; Louis de Freycinet, par Grille, 1853; Mésangère, par Aymar Bression, etc., en tout ving neuf pièces.

43. — Essai historique de l'abbaye de Saint-Bernard et sur la ville de Romans, accompagné du cartulaire de Romans, annoté par M. Girand, député. *Lyon*, *imprimerie de Louis Perrin*, 1856, 2 vol. in-8, papier fort, br.

44. **EURE.** Edit du roi portant suppression du présidial séant à Andely, 1772; Rapport de Prière, envoyé dans le département de l'Eure, 1793; Pétition à la Convention, par le 1er bataillon de Paris; Levée pour l'expédition de l'Eure, 1793; la Vérité rendue sensible par Adhenet, receveur à Quillebœuf, 1790; Observations sommaires sur le prétendu mémoire instructif de Gosselin, Chaussois, etc., par Dujardin, an II. — DÉPUTÉS. *Lindet* (Robert); Rapports faits à la Convention sur le jugement de Louis XVI et autres sujets, cinq pièces; Rapports, opinions et discours à l'Assemblée nationale, à la Convention ou au Conseil des Cinq-Cents, par *Huguu*, *Buzot*, *Savary*, *Pavie*, *Richou*, *Lemarechal* et *Crochon*. — Voyage dans le département, par Lavallée. — NOTICES. Discours sur N. Poussin, par Raoul-Rochette, 1843; Précis de la vie de Lieudé, par Gady, 1817; Eloge de Ferey, par Allou, 1843; Biographie du maréchal Maison, 1842. Notice sur E. H. Langlois, par Richard, 1838, portr.; *Notices* sur Dupont de l'Eure, de Broglie et le marquis de Brezé, en tout trente et une pièces.

45. **EURE-ET-LOIR.** Mémoires pour les curés de Pinserais et de Chartres, 1673 et 1765; Lettre de convocation aux Etats généraux pour les bailliages de Chartres et Châteauneuf en

Thimerais, 1789; Cahier de la noblesse de Chartres, 1789; Adresse de Chartres à l'Assemblée nationale, 1790; Discours patriotique prononcé dans la ville de Toury le jour de la bénédiction des drapeaux, 1790; Extrait des procès-verbaux de la société des Amis de la Constitution de Chartres, 1791; Adresse du département d'Eure-et-Loir à la Convention, 1782; Discours de Bernier ou proclamation aux citoyens d'Eure-et-Loir, an II; Fourcade et Gonchon à des citoyens d'Eure-et-Loir, 1792; Jérôme Guillard-Démasqué, par Maupoint; Projet de Constitution républicaine, démocratique, par Jérôme Pétion père, *Chartres*, 43 p. in-4; Réflexions du républicain Pétion père, sur les droits du peuple pour la Constitution de son gouvernement, *Chartres*, 12 p. in-4; Diverses pièces sur le département, an III et an VII, dix-huit numéros des annonces-affiches de Chartres, année 1791, en tout quarante-trois pièces in-8 et in-4, br.

46. — Députés. *Pétion*. Compte rendu à ses concitoyens; Lettre à ses commettants, polémique avec Dupont de Nemour; Opinion dans le jugement de Louis XVI, etc., quatorze pièces; *Sergent*, Opinion sur le jugement de Louis XVI; Rapport sur le placement des comités, à ses concitoyens, etc., six pièces; *Chasles*, Opinion sur le jugement de Louis XVI; à mes collègues, à Fréron; Ruse innocente d'un honnête journaliste; Procès-verbal de la visite faite du citoyen Chasles; Réponse de l'orateur du peuple aux calomnies du prêtre Chasles; Opinion libre d'un patriote sur Chasles; *Léopold*, *Amy*, *Castellane*, *Delacroix*, *Lesage*, *Bourgeois*, *Loiseau* et *Fremanger*, Rapports, opinions, discours ou autres écrits; Voyage dans le département, par Lavallée; Notices sur Notre-Dame de Chartres, par Gilbert, fig.; Catalogue des manuscrits de la bibliothèque de Chartres, 1840, en tout quarante-trois pièces.

47. — Notices. Oraison funèbre de Messire de Monstiers, évêque de Chartres, 1747; Vie privée et criminelle de Desrues, *Paris* 1777, in-12, portr. et fig.; Arrêt du Parlement qui condamne Desrues à faire amande honorable, etc., 1777; Détails historiques et véritables des manœuvres abominables et des crimes atroces, commis de dessein prémédité par Desrues, in-4 de 8 p.; Mémoires sur la vie de J. Dussaulx, écrits par sa veuve, 1801; Brissot démasqué, par Camille Desmoulins; Vie secrète et politique de Brissot, an II; Éloge de Marceau, par J. Lavallée, 1797; Discours de Jourdan sur la pétition de la mère de Marceau, an V; Rapport de Mortier-Duparc sur la distribution du portrait de Marceau, an VI; Hymne à Marceau, par Sevret, 1805; Souvenirs sur J. Guillerault, par Beauregard et Barbet, 1825; Funérailles de Deschamps; Discours de S. de Sacy sur la mort de Brière de Mondétour, 1811; Éloge de Delacroix-Frainville, par Goulard, 1832; Notice sur M. Perier de Trémémont, Chartres 1856, en tout seize pièces.

48. **FINISTÈRE.** Discours de la noblesse de Bretagne au comte de Thiard, 1788; Arrêtés du Parlement de Bretagne, 1788; Mémoires au roi, par les députés et commissaires de Bretagne, par la commission intermédiaire et par les avocats du Parlement, 1788; Extrait des registres de la ville de Quimper, 1788; Réponse du roi aux Etats de Bretagne, 1788; Précis de la réponse du roi et réponse des Etats de Bretagne, 1788; le Dîner

du grenadier à Brest (1789): Ode au peuple breton, 1789; Lettre vingt à M. D..., par Robinet, Rennes 1789; les Paysans bas-bretons au cardinal de Rohan (en patois); Lettre des commissaires envoyée à Brest (Borie et Gandon), 1790; Extrait du procès-verbal des Amis de la Constitution de Brest; Observations (sur l'élection de l'abbé Expilly comme évêque), 1791; Grande dénonciation des ministres (relative à l'insurrection sur l'escadre de Brest). — Adresses des citoyens de Brest et du Finistère, 1792; les Brestois aux Parisiens, par Vignon et Raby; Compte rendu et rapport de *Tréhouart* et *Sevestre* sur leurs missions à Brest, 1793; Crimes de l'ex-tribunal révolutionnaire de Brest, an III, Dénonciation de la conduite atroce du tribunal révolutionnaire de Brest, par Roffin; Hymne civique des Bretons, marchant contre l'anarchie; Rapport de Blad sur l'affaire de Hugues Montbrun, an V; Observations d'Abgrall, élu au Conseil des Cinq-Cents, an VI, dix-sept numéros du Bulletin de l'armée des côtes de Brest, 1793. *Journal rare.* — Députés. *Kersaint*, Le Rubicon, 1789; Opinions sur le jugement de Louis XVI; *Marec*, *Bohan*, *Bouestard* et *Roujoux*, Opinions sur le jugement de Louis XVI, etc. — Courtes observations du général Du Coetlosquet, 1791; aux Habitants de la campagne de l'Ouest, par le général Hédouville, an V; Voyage dans le département par Lavallée, en tout soixante-trois pièces.

49. — Notices. La Tour d'Auvergne, précis historique sur la ville de Keraës, en français Carhaix, par la Tour d'Auvergne, an V; Rapport et motion d'ordre sur les honneurs à rendre à la mémoire de la Tour d'Auvergne, par J. Debry, Gourlay et Roujoux, an VIII; Regrets d'un Français sur la mort de la Tour d'Auvergne, par D. Cubières; Eloge funèbre, par Legard, an VIII; Notices sur la Tour d'Auvergne, par Roux, an VIII; par M., 1801, port.; par Gaudry, 1841, par F. C., 1841, portr., etc.; Eloge du père André, par Castilhon; Notice sur Du Coetlosquet, évêque de Limoges; Eloge de Mauduit-Duplessis, par Delafosse; Notices sur l'abbé Le Gris-Duval, Coic, Lacrosse et Aboville, en tout vingt et une pièces.

50. **GARD.** Mémoire historique et politique contenant la relation du massacre des catholiques de Nîmes, août 1790; Réponse à tous les faux-fuyants de la municipalité de Nîmes, 1790; Pièces qui font connaître les fédéralistes du Gard, et qui ont servi de base à l'épuration des autorités constituées; Horrible conspiration découverte (dans le département du Gard); Mémoires, rapports et autres pièces concernant les troubles du Midi, et particulièrement ceux du Gard, 1815; Mémoire justificatif pour Pointu d'Avignon, dédié à son honorable ami Trestaillon, 1819. — Députés. Rapports, discours, opinions et autres écrits de *Rabaut-Saint-Etienne*, *Rabaut-Pommier*, *Voulland*, *Ménard*, *Leyris*, *Vincens* et *Aubry*. — Voyage dans le département, par Lavallée; Sonnets sur les antiquités de Nîmes, par l'abbé Vallette, 1750, fig.; Histoire des antiquités de Nîmes, par Ménard, 1826, fig. — Notices. Eloge de Des Vignoles, Apologie de Mme Du Noier, 1713; Eloge de De Parcieux, in-4; Notice sur De Parcieux, par Mahérault, an VIII; Mort du citoyen Florian, tué par les Robespierristes; Elegie, Notices sur Rivarol, par sa veuve, an X, et par H. L., 1829; Notice sur le marquis Du Cubières, par Silvestre, 1822; Observations

sur un écrit de Ch. Nisard contre la Beaumelle, 1853; Ode à la mémoire du chevalier d'Assas, par Argellies, 1830; *Notices* sur le général d'Albignac, le marquis d'Aramon, J. B. Teste, P[t] Rabaut, la famille Serière, Trelis, Lamartillière; Guizot, par Eug. de Mirecourt, en tout quarante-huit pièces.

51. **GARONNE (HAUTE)**. Arrêtés, remontrances, déclarations, etc., du Parlement de Toulouse, de 1756 à 1788, seize pièces; Adresses du Tiers-Etat de Toulouse, 1789; Adresse au peuple languedocien; Lettre d'un habitant de Toulouse à un habitant de Rabastens, 1789; Dénonciation d'un Languedocien à sa province, 1789; Lettre de convocation pour les Etats généraux du Languedoc; Lettre d'un observateur impartial au Tiers-Etat de Toulouse; Accapareur trouvé dans une armoire, nouvelles de Toulouse, 1789; Discours de l'archevêque de Narbonne à l'ouverture des Etats du Languedoc; Nouvelles conspirations découvertes (sur les troubles du Languedoc); Discours prononcé à Toulouse le 4 juillet 1790, par P. B. Barthe, aumônier de la Fédération de la Haute-Garonne; Lettre pastorale de l'archevêque de Toulouse, 1791; Lettre de M. M. et du P. Félix au R. P. Sermet, évêque de Toulouse, 1791; Relation des horreurs commises au château de Buzet, 1791; Mandement de Sermet, 1791; les Maire et officiers municipaux à leurs concitoyens de Toulouse, et autres pièces, 1791; Proclamation du Directoire du département de la Haute-Garonne, concernant les sœurs de la Charité, 1791; Adresse du même Directoire aux citoyens actifs du département, 1791; Rapport de V. Broglie sur les troubles de Toulouse, 1791; Compte rendu par Barras; Déclaration des autorités constituées adoptée à l'unanimité par le peuple de Toulouse (juin 1793); Adresse des républicains de Toulouse aux représentants du peuple, 21 août 1793; Rapport de Baudot sur la conduite des autorités constituées de Toulouse après les événements du 31 mai, avec pièces justificatives; Lettre de Toulouse, écrite par Chaudron-Rousseau, 2 juillet 1793; Extrait du procès-verbal de la Société républicaine de Toulouse, 29 juillet 1793; J. B. M. Montané, dénoncé par Fouquier-Tinville à la Convention; Allard, et Montesquiou, à la Convention; la Citoyenne Rabaudy-Montoussin à la Convention; Adresse des patriotes de Toulouse au Corps législatif, an IV; Rapports ou opinions de Saladin, Rouzet, Bion et Porte, procès-verbaux et autres documents sur les troubles de Toulouse relatifs aux élections de l'an V et de l'an VII, douze pièces; la Vérité sur l'insurrection du département de la Haute-Garonne, par Hinard, an VII, et rapports, opinions et discours sur le même sujet, dix pièces; Quatre pièces sur Joseph Bosc, mécanicien, directeur de l'atelier national des forges de Toulouse, an V et an VII; Rapport de Mazade sur l'affaire de Fourquevaux, an IV; Rapport de Desrenaudes sur la vente d'un terrain de la commune de Rieux au citoyen Terrade, an X, en tout soixante-dix-neuf pièces.

52. — DÉPUTÉS. *Mailhe*, Rapports sur les soldats de Châteauvieux, sur le rabattement des décrets du Parlement de Toulouse, sur le jugement de Louis XVI, et sur les monastères de la Belgique, et Avis aux Français; *Julien de Toulouse*, Opinion sur le jugement de Louis Capet, et Réponse à ses dénonciateurs; Rapports, opinions et autres écrits de *Cailhasson*, *Mazade*, *Rouzet*, *Calès*, *Desacy*, *Druthe*, *Dubarran*, *Delmas*, *Des-*

trein, *Cazaux*, *Augereau*, *Perès*, *Ramel*, *Dario* et *Gertu*. — Discours sur les vertus républicaines et sur les obligations que les Français s'imposent en acceptant la constitution, an IV; Observations sur l'histoire de la révolution, de Bertrand de Molleville; Exposé de la conduite de Bonnecarrère, 1793, à ses concitoyens; Voyage dans le département, par Lavallée. — Notices. Élévation des Reliques de saint Edmond, des saints Symphorien, Claude, Nicostrate, Castor et Simplice, martyrs. Tolose 1645, in-4; Éloge de Baurans, par Castilhon; Éloges de Lapeyrouse, par Decampe, 1819, de Cazalès, 1820; Vie du général Caffarelli du Falga, 1801; Pétition de Louis Caffarelli à la Convention, 1792. — *Notices* sur d'Aure et Gustave Fabre, en tout soixante-quinze pièces.

53. **GERS.** Lettre de convocation des États généraux pour le duché d'Albret, 1789; Lettre pastorale de l'archevêque d'Auch; Discours de l'évêque du Gers, 1791; Discours moral et civique prononcé à la société des amis de la constitution de Nérac, par M. C. Curé d'A...., 1791; les Autorités constituées et sociétés populaires du Gers à la Convention, 17 juin 1793; Rapports de Gauran sur les administrations du Gers; Adresse des citoyens de Condom au conseil des Anciens, an VII; Rapports, observations, opinions et discours de *Ferrant-Vaillant*, *Ballard*, *Cornudet*, *Boirot*, *Desnos*, *Péré*, *Gauran*, *Perès*, *Soubdès*, *Enjelvin*, *Dubois Dubais* et *Roujoux*, sur les opérations des assemblées électorales, scissionnaires du département du Gers, en l'an V et en l'an VII. — Députés. *Cazalès*. Discours sur la dénonciation des ministres, 1790; Opinion sur les successions, 1791; Confession testamentaire de Cazalès à l'abbé Maury; Rapports, opinions et discours de *Bousquet*, *Gauran*, *Descamps*, *Cappin*, *Ichon*, *Dubarran*, *Perez*, sur le jugement de Louis XVI, sur les Hébertistes, etc.; Voyage dans le département, par Lavallée; Tableau statistique du département du Gers, par Balguerie; Notice sur l'église de Sainte-Marie d'Auch, par Senteltz, 1818. — Notices. Vie militaire de Lannes, par Perrin, 1809, fig.; Récit exact des faits qui sont à la gloire du duc de Montebello; Précis de ses actions militaires; Ode sur sa mort, par Simon, 1809; son Éloge funèbre, par Maleville; Honneurs funèbres rendus à sa mémoire; Notices sur le comte de Bastard, le général Castex, Salvandy, de Noë, Dessolle et le général Dupin, en tout cinquante-huit pièces.

54. **GIRONDE.** Arrêtés, remontrances et autres actes du Parlement de Bordeaux, de 1756 à 1788, onze pièces; Catéchisme du Tiers-État à l'usage de la Guyenne, 1788; Mandat de la noblesse de *Bazas* à M. de Piis; Discours de l'un des gentilshommes de Bordeaux, à l'assemblée de la noblesse de Guyenne, 1789; Lettre de M. Dudon, suivie de sa défense par son fils, 1790; Ordre général pour la prestation du serment de la garde nationale bordelaise; Mémoire justificatif de la ville de Blaye contre les allégations de celle de Bourg; Arrêt du Parlement de Bordeaux, 27 février 1790; Rapport de l'affaire du Parlement de Bordeaux, par de Montmorency, 1790; Adresses, lettres et arrêtés du département de la Gironde et de la municipalité de Bordeaux, 1790 à 1791; le Club national (de Bordeaux) aux Jacobins de Paris, 1791; Coup d'œil sur la révolution et les révolutionnaires, par un député de Bordeaux, 1792; Réflexions sur l'arrêté du département de la Gironde, 1792;

Adresses du 1er bataillon de la Gironde et du club national de Bordeaux, 1792; Exhortation aux citoyens de Bordeaux, par Bordas, an III; la Vérité sur les événements qui ont eu lieu dans la Commune de Bordeaux depuis plusieurs mois, par Delormel, an V; Lettre d'un citoyen de Bordeaux à un de ses amis de la Gironde; Lettre du bureau central de Bordeaux à la députation de la Gironde, an VII; Adresse des citoyens de Bordeaux au conseil des Cinq-Cents, an VII; Lettre de l'archevêque de Bordeaux à ses diocésains, etc., 1801, en tout cinquante pièces.

55. — Bordeaux pendant la Terreur. Rapport de ce qui s'est passé à Bordeaux à l'arrivée et pendant le séjour de Baudot et Yzabeau, deux pièces; Procès-verbal d'arrestation de Biroteau et de Girey-Dupré; Discours de Brival au club national; Adresse du club national aux sociétés populaires, rédigée par Jullien; Marc-Antoine-Jullien au comité de salut public; Rapport de ma mission à Bordeaux; Jugement de la commission militaire qui condamme à mort J. B. Lacombe; Collot mitraillé, par Tallien; Eclaircissement véridique de Tallien; Histoire de Bordeaux pendant dix-huit mois, par Oudaille, trois numéros; Dénonciation importante des vexations et horreurs commises à Bordeaux par quatre intrigants, par Lemoal; les Hommes de sang démasqués ou les Meneurs du club de Bordeaux, par Casteran, Dutasta, etc., trois numéros in-4; les nos 3 et 35 du Journal du club national de Bordeaux, en tout dix-neuf pièces.

56. — Mouvement fédéraliste, avril-juillet 1793. Pièces contenues dans l'envoi des corps administratifs de la Gironde, 18 avril; la Société républicaine de Bordeaux à la Convention; Adresse et discours des citoyens de Bordeaux à la Convention; le Conseil du département de la Gironde à la Convention, 17 juin; Arrêtés, instructions et autres actes de la commission populaire de salut public de la Gironde, 13 au 20 juin; Compte de la mission de Treilhard et Mathieu dans la Gironde, Lot-et-Garonne et départements voisins; Récit exact de la conduite de la commission populaire du salut public de Bordeaux, par les mêmes; Profession de foi républicaine des membres de la société des amis de la liberté et égalité de Bordeaux, 28 août 1793; Ysabeau et Baudot en séance à la Réolle à la Commune de Bordeaux, 1793, 3 p. in-4, en tout dix-sept pièces.

57. — Députés. Rapports, opinions, Motions, discours et autres écrits de *Garrau*, *Cholet*, *Porte*, *Jaubert*, *de Sèze*, *Duplantier*, *Grandmaison*, *Laffon Ladebat*, *Duchatel*, *Perrin*, *Deleyre*, *Loys*, etc., trente pièces; Sermon du curé de Colignac, prononcé le jour de l'Epiphanie, en 1636, Bordeaux 1802; Ordre du jour ou Salmigondis, par Jourgniac Saint-Méard, 1821. — Voyage dans le département, par Lavallée; Notice archéologique sur le dolmen de Montguyon, par Duteil, 1840, fig.; Dissertation historique sur les origines de Bordeaux, par M. A. Siméon, 1851. — *Notices.* Montesquieu, peint d'après ses ouvrages, par Barère, an V; Eloge de Montesquieu, par Villemain, 1817; Essai historique sur l'administration du marquis de Tourni, par de Saint-Georgez, 1782; Notice ou Eloge de l'abbé Lacombe, de Furtado, Lainé et Magendie, en tout quarante-trois pièces.

58. — Girondins. Chefs d'accusation contre les trente-deux députés détenus; Rapport de Saladin, sur la pétition de Guadet, l'ancien comité de salut public, ou observation sur le rapport des trente-deux proscrits; Brissot, Pétion, Buzot, etc., enfin toute la bande du Marais; Rendez-nous nos dix-huit francs, par Lebois; Jugement des Girondins, édition du tribunal révolutionnaire, in-4; l'Ombre de la Gironde à la Convention, par un détenu à la Conciergerie, an III. — Girondins (députés connus sous le nom de): *Vergniaud*, Rapport sur les travaux de l'Assemblée constituante, 1791; Opinions sur l'office de l'empereur, sur la situation actuelle et sur le jugement de Louis XVI; Réponse aux calomnies de Robespierre, 1793; Opinion (sur la constitution), Vergniaud au président de la Convention, 6 juin 1793; *Gensonné*, Discours, rapports, opinions sur les prêtres non assermentés, sur l'office de l'empereur, le comité autrichien, la police de sûreté générale, le Jugement de Louis XVI, etc.; *Boyer Fonfrède*, Rapports et opinions sur la marine, les colonies et le commerce des grains; *Bergoeing*, Opinion sur le jugement du ci-devant roi; Longues conspirations des Jacobins pour dissoudre la Convention; à ses commettants et à tous les citoyens de la république; Opinion ou discours prononcé aux Jacobins à la Convention, par *Guadet*, *Grangeneuve* et *Ducos*, et tout trente-quatre pièces.

59. **HÉRAULT.** Relation de ce qui s'est passé dans la descente que les ennemis ont faite au port de Cette, 31 juillet 1710, 4 p. in-4; Pierre *Sepet*, coiffeur pour femmes, à ses concitoyens patriotes de 1789, 1816, 45 p. in-8, brochure curieuse. Décrets relatifs au département; Récit d'un de MM., au sujet de M. de C..., 1787; Délibération de la ville de Montpellier, 1788; Lettre d'un citoyen du Languedoc à un autre citoyen de la même province, 1789; Délibération de l'assemblée des Trois-Ordres de Montpellier, 1789; Adresse de la municipalité de Montpellier à l'Assemblée nationale, 1790; Mandement de l'évêque de Hérault, 1791; Narré succinct de ce qui s'est passé à Montpellier les 9, 10, 11 et 12 octobre 1791; Précis historique des événements arrivés à Montpellier les 13, 14 et 15 novembre 1791; Remontrances de la Cour des comptes de Montpellier; J. A. Floret, détenu à Béziers, à ses concitoyens. — Députés. Rapports, opinions, discours, mémoires et autres écrits de *Cambacérès*, *Crassous*, *Brunel*, *Rouyer*, *Jessé*, *Fabre*, *Joubert*, *Carrion-Nisas* etc. — Réponse de de Grave au mémoire de Wittgenstein; la grande Conspiration anarchique de l'Oratoire; Voyage dans le département, par Lavallée etc. — Notices. Eloges de Riquet de Bonrepos, par don de Cépian et Jeannier; Ode sur l'inauguration de sa statue, fig.; Considérations philosophiques sur la vie et les ouvrages de S. Bourdon, 1818, port.; Notice sur David Durand; Mathieu Dumas, Pons de l'Hérault, les généraux Claparède, Campredon et Berthezène. Eloge historique de Benezech, 1803; trois Notices sur Daru, par Viennet et Léo Joubert; Derniers moments de la duchesse d'Abrantès; Notice à mes concitoyens, par Drap-Arnaud, en tout 69 pièces.

60. — Histoire de la commune de Montpellier, depuis ses origines jusqu'à son incorporation définitive à la monarchie française, par Germain, *Montpellier* 1851, 3 vol. in-8, d.-rel. maroq.

61. — Histoire de Béziers, par Julia, *Paris* 1845, in-8, br.

62. **ILLE-ET-VILAINE.** Très-humbles remontrances du parlement de Bretagne au roi, 1787 ; Mémoire remis au comte de Thiard, par la noblesse de Rennes, 1788 ; Précis historique de ce qui s'est passé à Rennes depuis l'arrivée de M. le comte de Thiard, Rennes 1788, 1 vol. in-8 ; Lettre de M. de C. à M. L., Rennes 1788 ; Réponse du roi aux Etats de Bretagne ; Mémoire remis au roi le 30 juillet 1788 ; Résultat des délibérations tenues en l'Hôtel-de-Ville de Rennes du 22 au 27 décembre 1788 ; Lettre au peuple de Rennes par le chevalier de Guer ; Arrêts du Parlement de Rennes, 1789 ; Discours des commissaires des jeunes étudiants en droit à M. de Thiard, 1789 ; Précis exact des faits arrivés à Rennes les 26 et 27 janvier 1789 ; Nouvelles de Bretagne, 31 janvier 1789 ; Pièces intéressantes, tant imprimées que manuscrites, d'un Breton-roturier de Rennes, 3 février 1789 ; Procès-verbal des séances du Tiers-Etat de Bretagne, du 14 au 21 février 1789 ; Relation de ce qui s'est passé à Rennes lors du renvoi de M. Necker ; Sauvez-nous ou sauvez-vous, 1789 ; Discours sur la noblesse du Parlement de Bretagne, 1789 ; le Seigneur devenu meunier ou les Noces de Bretagne, par Roger Bon-Temps ; les Paysans bas bretons à Mgr le cardinal de Rohan (en patois) ; Réponse à l'adresse de M. D'Expilly au peuple breton ; Discours des magistrats du Parlement de Bretagne à l'Assemblée nationale, 1790 ; Adresse aux Bretons, 1790 ; Lettre de la municipalité de Rennes à ses concitoyens, 24 mars 1790, avec les signatures autographes ; Adresse de la ville de Rennes à l'Assemblée nationale, 1790 ; Adresse du clergé, 1790 ; Adresses du régiment d'Orléans et des citoyens de Brest, 1790 et 92 ; Discours prononcés aux Jacobins par les évêques du Cher, de la Haute-Garonne et de l'Ille-et-Vilaine, 1791 ; Plédoyé pour Louis Seize, fait par le citoyen Jean-Jacque Liberté Laboureur, du département de Lille et Villenne (brochure imprimée d'après un singulier système orthographique) ; les Citoyens de Rennes réunis en assemblées primaires à la Convention, joints en 1793 ; Dépêches de Rennes, 9 juin 1793 ; Avis au peuple par Hervé, homme de loi à Saint-Malo ; Procès d'un royaliste (Louvart de Pontigny) an IV ; Rapport de *Mathieu* sur les huit protestations des habitants de Rennes, an V, etc., en tout trente-neuf pièces.

63. — Députés. *Lanjuinais*, Mémoire sur l'origine des dîmes, Rennes 1786, 1 vol. in-8 ; Lettre, discours, première adresse à la Convention, etc. ; Dernier crime de Lanjuinais, sur la constitution de 1793 ; Mémoire justificatif, 1815 ; Gohier, les Dames anglaises francisées, 1769 ; Observations sur la relation des événements de Bretagne, 1789-93 (taché d'humidité) ; Opinion sur l'état civil des citoyens, 1792 ; Rapport sur les papiers de la liste civile ; Rapports, opinions et discours de *Le Chapelier*, *Jourdain*, *Lebreton*, *Lemerer*, *Dubignon*, *Loysel*, *Ral-lier*, *Charles-Duval*, *etc.* — *Ginguené*, De l'autorité de Rabelais dans la révolution présente, 1791 ; Discours sur la paix avec le roi de Naples, an X ; Voyage dans le département, par Lavallée, en tout trente-huit pièces.

64 — Notices. Eloge de Moreau de Maupertuis, par Tressan ; Vie privée et politique du roi Isaac Chapelier, 1790 ; Dialogue entre M. Chapelier et son chien Soliman ; Dialogues de ces Messieurs (entre le chapelier et Camus) ; Chapeaux à vendre

opuscule dédié à M. Le Chapelier, 1790; Notices sur Lanjuinais, par Jullien de Paris et M. Berr; Eloge de Lanjuinais, par Mourier; Eloge de Chateaubriand, par l'abbé Duclos, 1848; Discours et rapport d'Ampère sur Chateaubriand, 1848; Etude sur Lamennais, par Robinet, 1835; Lamennais par un homme de rien et par E. de Mirecourt; Notices sur Broussais, par Mignet; sur Pommereul, par Mahul; un Martyr de la bibliographique, par Quérard; Notice sur le comte Louis de Sainte-Aulaire, par de Barante, 1856, 165 p., etc.; Extrait d'une notice inédite sur Boursaint, par Blanchard, 1839, 33 p., en tout vingt pièces.

65. **INDRE.** Voyage dans le département par Lavallée. — *Députés.* Rapports, opinions et autres écrits de *Crublier Opterre*, *Bodin*, *Pepin*, *Lejeune et Porcher* sur le dessèchement des marais, l'état des frontières, le jugement de Louis XVI, etc. — *Notices* sur le général Bertrand, de Guerle, Thurot, Macdonald, en tout vingt pièces.

66. **INDRE-ET-LOIRE.** Exposé de la conduite du régiment de Touraine, 1790; Réponse du régiment de Touraine à la relation de Riquetti jeune; Proclamation de Tallien, commissaire dans le département d'Indre-et-Loire, 1793; Mémoire sur la conduite de Ferrand, 1793; l'Avocat patriote, par Senar (1790), 28 p.; les Brigands de la Vendée en évidence, par Senar, an II, 83 p.; la Théorie des conspirations ou réponse des patriotes de Tours à l'ouvrage précédent, 97 p.; Dénonciation de la Société populaire de Tours contre Senard, et Senard à la Convention. — *Députés.* Rapports, opinions et autres écrits de *Menou*, *Pottier*, *Riffault*, *Nioche* et *Baignoux*, etc. — Discours de l'archevêque de Tours aux obsèques de l'impératrice Joséphine, 1814; Recherches sur les chroniques de Touraine, par Salmon. — *Notices.* La vie et la mort de Mme la duchesse de Lavallière, religieuse carmélite, 1710, 8 p. in-8, rog.; Histoire de la belle Hélène, mère de Saint-Martin de Tours, in-12; Vie de Saint-Martin de Tours, 1839, in-32; Rabelais, par Delécluze, 1841; Discours de Mercier sur René Descartes, an IV; Balzac, sa vie et ses œuvres, 1858, in-12; *Notices* (3) sur Saint-Martin, par Tourlet et autres; Vie de Henri Mondeux, par Barbier, 1842; Notices sur J. N. Céré et sur Bouilly, en tout trente-deux pièces.

67. **ISÈRE.** Règlement sur la convocation de l'arrière-ban en 1639 avec la commission. Envoyé au bailli de Sassenage, 1639, 15 p. in-4, tachés d'eau; Arrêts du Parlement du Dauphiné, 1732 et 1763; Réflexions d'un militaire sur le discours de M. de Rollin; Lettre de l'abbé Giguard à E. de Bonteville; Histoire du siége du palais, par le capitaine d'Agoult; Assemblée des Trois-Ordres du Dauphiné, 1788; Délibération de la ville de Grenoble, 14 juin 1788; Protestations des gentilshommes du Dauphiné; Suite au nouveau recueil ou choix de pièces sur la révolution qui a été tentée en France par les édits du 8 mai 1788, 4 vol. in-8 relié; Procès-verbal des derniers Etats généraux tenus aux enfers, où se trouvent les plaidoyers de l'évêque de Grenoble et de Judas, 1789, avec le supplément (*rare*); Lettre de convocation des Etats généraux pour le Dauphiné, 1789; Lettre d'un gentilhomme du Dauphiné à M. le comte de...; Lettre de Michel Blanchard, magister du village de Moivieux,

à Mgr Le Franc de Pompignan; Lettre écrite par plusieurs citoyens du clergé, de la noblesse et des communes du Dauphiné aux Etats de Béarn, 1789; Lettre de MM. du clergé, de la noblesse et autres notables citoyens de Grenoble au roi, 2 juillet 1788; Lettre d'un campagnard dauphinois avec deux autres pièces intéressantes; Cahier des curés de Dauphiné, 1789; Second procès-verbal de l'assemblée des Trois-Ordres de la province du Dauphiné, tenue à Romans le 2 novembre 1788; les Quatre colonnes de la France, Necker, La Tour-du-Pin, l'archevêque de Vienne, etc.; Délibération des citoyens de Grenoble, du 15 juillet 1789; Lettre à la commission intermédiaire des Etats du Dauphiné, par les députés de cette province, 1789; la Bastille de Perpignan ou justification de François Ducruix, né dans l'Isère, 1793, 31 p. in-8; Pétition à la Chambre des députés pour P. F. Régnier et autres habitants de l'Isère, contre Donnadieu, Montlivault et consorts, 59 p. in-4, en tout vingt-cinq pièces.

68. — Mélanges. (Détail sur ce qui s'est passé à Grenoble pendant le séjour du duc d'Angoulême en 1820), 1820; Séjour du maréchal Bugeaud à Grenoble, 1849, in-18; Apparition miraculeuse de la Sainte-Vierge sur une montagne de la Salette, par l'abbé Duchaine, in-18; Résumé de l'histoire du Dauphiné, par Laurent, 1825; Merveilles et histoire patriotique du ci-devant Dauphiné, par un Dauphinois (Lamonnerie), 1830; Villeurbanne, Vaux et Dessine, par Cochard, 1843; Uriage et Vizille, par H. Pallias, 1856; Lettres à Lucie sur le canton de Mens, 1844, in-18; Agriculture française, département de l'Isère, Paris, imprimerie royale, 1843, 1 vol.; Annuaire bibliographique du Dauphiné pour 1837, par Colomb de Batines, in-12, en tout neuf pièces ou volumes.

69. — Grenoble et Lyon, l'Isère et le Rhône; Précis des événements qui ont eu lieu dans ces deux départements, de 1814 à 1818, par Terreneuve, 1818; Requête au garde des sceaux, pour P. F. Regnier et autres habitants de l'Isère, contre Donnadieu, 1819, 23 p. in-4, br.; Pétition du général Donnadieu à la Chambre des députés, 1846; Conspiration de Grenoble en 1816, par A. Gabourd; Paul Didier, Histoire de la conspiration de 1818, par Ducoin, 1844 (*rare*), en tout quatre pièces.

70. — Députés. *Mounier*. Observations sur les principes de la constitution des Etats de Dauphiné, 1788 (dans le même volume: Procès-verbal des Etats tenus à Romans); aux Dauphinois, adresse de l'Assemblée nationale à ses commettants, 1789; Appel au tribunal de l'opinion publique, 1790; Lettre aux Français, 1790; Recherches sur les causes qui ont empêché les Français de devenir libres, 1792, 2 vol.; Faits et gestes de l'honorable Ch. Chabroud, blanchisseur du héros d'Ouessant, l'an II de la démagogie (*très-rare*); Lettre du marquis d'Autichamp, au comte de Vienne; Opinion de Barnave, du 15 juillet; Rapports, opinions et autres écrits d'*Amar*, *Prunelle*, *Charrel*, *Decomberousse*, *Genevois*, *Dumolard*, *Duchesne et Lenoir-Laroche* sur le procès de Louis XVI, les Girondins, etc.; Première et seconde lettre aux électeurs de l'Isère, par *Grégoire*, 1819 et 1820; Personnages divers. Mémoire sur l'organisation de l'armée, par Latour Du-Pin, 1790; Pétition à l'Assemblée nationale pour les sieurs Périer, 1790; Discours sur les mœurs,

par Servan; Adresse aux amis de la paix, par le même, 1789, avec le supplément, 1790, et deux brochures relatives à cet écrit; la Vérité, la liberté, l'égalité, par Fr. Ducruix (né en Dauphiné); Examen raisonné de la constitution de l'an VIII, par Robert-Dugardier (de Sablon), 1803; Exhortation prononcée dans l'église cathédrale de Grenoble, par Elie C. de Saint-Hugues, 1789; Adresse à l'Empereur, par Jos. Rey, 1815; Quelle est la classe des citoyens la plus intéressée au maintien du gouvernement, par le même, 1820; Mémoire du comte d'Albert de Rions sur l'affaire de Toulon, 1790; Prophéties de Benoît Trapas, paysan originaire de la Buisse, 1853, etc., en tout vingt et une pièces.

71. — Notices. Aymar du Rivail et sa famille, par Giraud, 1849, fig.; Eloges de Bayart, Genève 1770, port.; Eloges de Bayart, par Bonnevie, 1818, et par Ern. de Ginoux; la Mort de Bayard, tragédie par Dumolard; Coup d'œil sur le Dauphiné et les exploits de ses héros jusqu'aux temps de Bayard et de Lesdiguières, par Martin, 1804; Vies de Fr. de Beaumont, baron des Adrets, de Ch. Dupuy-Montbrun et de Calignon, par Guy Allard, Grenoble 1772, in-18, br.; Histoire de Mandrin, in-18; Vie de Saint-Hugues, par Du Boys, Grenoble 1837; Eloges de Mounier, par Berriat Saint-Prix, 1806; Eloge du baron Mounier, par Portalis, 1844, et notice sur le même; Journal du dernier voyage de Dolomieu dans les Alpes, 1802; Notice sur Dolomieu, par Lacépède, 1802; Ode sur la mort de Dolomieu, par Briquet, 1802; Histoire de la vie et des travaux du comte d'Hauterive, par Artaud de Montor, 1839, 1 vol. in-8; Notice sur Dode de la Brunerie, par le général Moreau, 1852; Notices sur Champollion et Berriat Saint-Prix, par Ad. Rochas, 1854 et 1856; Notices ou éloges de Jay, Sapey, Cochard, Raillon, Colombat et Ronjat, etc., en tout vingt-sept pièces.

72. **JURA.** Extrait des registres du présidial de Salins, 1788; Arrêté du baillage de Salins, 1788; Protestation d'un cerf du mont Jura contre l'Assemblée des notables, 1789; Adresses des prêtres et de l'assemblée électorale du Jura, 1790; Fête patriotique qui aura lieu à Dôle le 14 juillet 1790; Discours de M. Moïse, évêque du Jura, 1791, in-4; Mémoire justificatif de Guéroult Lapalière, 1793; Adresse à la Convention par la Société populaire de Dôle, an II; Réclamation de la Société populaire de Caudebec, 1793, 3 p. in-4; Décrets relatifs au département; Lemare et Genisset, se disant républicains du Jura réfugiés à Paris, an II; Réclamation des républicains du Jura réfugiés à Paris, par Lemare et Genisset, 1798; les Députés du Jura en réponse à l'écrit précédent; Adresse des républicains d'Arbois au Corps législatif; Adresse de 516 républicains de Dôle, an VI; Rapport de Rous sur la translation de l'administration centrale à Poligny, an VI; Rapport de Guizot sur les assemblées électorales scissionnaires du Jura, an VI; Adresse de l'assemblée municipale de Lons-le-Saulnier au Corps législatif, an VI; les Représentants du Jura aux deux conseils; Réponse à l'écrit précédent; le Préfet du Jura (Pons de l'Hérault) à MM. les prêtres, 19 octobre 1830. — *Députés.* Rapports, opinions, discours et autres écrits de *Démeunier*, *Vuillier*, *Champion*, *Bonguiot*, *Pichegru*, *Prost*, *Ferroux*, *Vernier*, *Lejeune*, *Regnauld* et *Bachelu.* — Voyage dans le

département, par Lavallée ; Dissertation sur une mosaïque découverte à Poligny, par Bruand, 1816, fig. ; Notice sur la ville de Saint-Claude, par Trestin, 1811, etc. — Notices sur les généraux Bernard, Bachelu, Pichegru et Lecourbe ; sur Tamisier, Pomel, Mermet et Dalloz ; Eloge de Demeunier, par Décampe, en tout soixante-cinq pièces.

73. **LANDES.** Trois motions inconnues d'un député gascon ; Adresse et extrait du procès-verbal de la Société des amis de la constitution de Saint-Severs, 1791, etc. — *Députés.* Rapports, opinions et autres écrits de *Duprat*, *Cadroy*, *Saurine*, *Dartigoyte*, *Destrem*, *Roger*, *Ducos et Darracq*. — Voyage dans le département, par Lavallée ; Voyage dans les Landes de Gascogne, par de Mortemart de Boisse, 1840, carte et fig. — *Notice.* Abrégé de la vie de Saint-Vincent-de-Paul, Châlons, in-12 ; Panégyrique de Saint-Vincent-de-Paul, par Mitraud, 1852 ; Précis de la vie de d'Arcet, par Dizé, an X ; Biographie du général Lanusse, par Pascal, 1843, en tout vingt-cinq pièces.

74. **LOIRE.** Cahier des doléances du clergé, de la noblesse et du Tiers-Etat du Forez, 1789 ; Extraits des registres du district Bœn, an II. — *Députes.* Motions, opinions et discours à l'Assemblée législative, à la Convention et au conseil des Cinq-Cents, par *Gaudin* et *Noël Pointe*. — Mémoire justificatif de Carteaux, an II ; Observations contre la réunion du département de la Loire à celui du Rhône ; Aux membres et jurés du tribunal révolutionnaire de Paris par les Sans-Culottes de la commune d'Ormes, an II, 14 p. in-4 ; Décrets relatifs au département ; Etudes sur L'Astrée D'Honoré d'Urfé, par N. Bonafous, 1846. — *Notices.* Eloge de Dugas Montbel, par Dumas. Notices sur André Galle et sur Bruyas ; le Critique Jules Janin et le dramaturge Alexandre Dumas, 1843, en tout dix-neuf pièces.

75. **LOIRE (HAUTE).** Serment civique de l'évêque Du Puy, 1791 ; Arrêté du district Du Puy, relatif à l'instruction des campagnes, 1792 ; Adresse et extrait des délibérations des amis de la constitution Du Puy, 1790, an II ; Rapport de Faure sur sa mission dans la Haute-Loire, la Haute-Marne, les Vosges, etc., avec les pièces justificatives ; Rapport de Pierret sur sa mission dans la Haute-Loire, an IV ; Tyrannie de Robespierre dans le département de la Haute-Loire, an III ; Quelques réflexions sur les élections de la Haute-Loire, an VI, 3 p. in-4. *Députés.* Rapports, opinions et discours de *Faure*, *Camus*, *Reynaud*, *Borel-Vernières et Coustard*. — Voyage dans le département, par Lavallée. — Notice sur Cuoq, en tout vingt et une pièces.

76. **LOIRE-INFÉRIEURE.** Arrêt du Conseil d'Etat du 6 décembre 1707, qui défend de conduire les marchandises ailleurs qu'à la fosse de Nantes, 23 p. in-4. Lettre du Parlement de Bretagne sur la détention du comte de Kersalaun, 1787 ; Réflexions patriotiques sur l'arrêté de quelques nobles de Bretagne, 1788 ; Arrêté des officiers municipaux de Nantes, du 4 novembre 1788 ; Requête du Tiers-Etat de Nantes aux échevins de la ville, 1788 ; Mémoire au roi par les députés de l'Eglise et de la noblesse de Bretagne, 1789 ; Adresse au peuple breton de la part de leurs députés de

la garde nationale, 1789; Lettre d'un Breton au troubadour béarnais; Détail des cruels événements arrivés à Nantes, où vingt-deux hommes ont été tués et un plus grand nombre blessés; Ai-je tort? ai-je raison? par Le Perron; la Société des amis de la constitution de Nantes à ses frères et amis, 1791; Adresses à la Convention par les citoyens de Nantes; Vie révolutionnaire des Sans-Culottes de la Société populaire d'Ancenis, 1793; Observations sur le prétendu fédéralisme du département de la Loire-Inférieure, an II; les Républicains de la Société populaire et de la commune de Nantes à la Convention, an II; Jugement du conseil de guerre, qui acquitte Hugues, Montbrun an V; Fédérations bretonnes, 1815; Divers numéros de la chronique de la Loire-Inférieure, 1791; la Feuille maritime de Nantes; Journal de Nantes; Journal de la correspondance de Nantes. — Députés. Rapports, opinions, etc., de *Français*, *Mellinet*, *Jary*, *Lefèvre*, *Benoiston*, *Grétier*, *Boulay-Paty*. — Villenave, Discours funèbre à la mémoire de Michel Lepelletier; Discours à la Société populaire de Nantes, 1793; des Jurés et de la conviction intime, an IV; Mémoires en faveur de Roger, Decombles, Le Chaufe et Huché; le Cri du républicain persécuté, an II, huit pièces; Lois et décrets concernant le département, jugements, proclamations, etc.; Voyage dans le département, par Lavallée. — Notices. Cérémonie funèbre à la mémoire de P. Delalande, an VII; Eloge de Cambronne, 1815; Eloge du marquis de Civrac, 1835; Notice sur Constance de Salm et Billaut, en tout soixante-trois pièces.

77. — Comité révolutionnaire de Nantes. Relation du voyage des 132 Nantais (rédigé par Villenave); Détails intéressants servant de suite à l'écrit précédent; Chacun son mot, ou réflexions d'un Nantais; Encore un mot sur les 132 Nantais; Chaux, membre du comité de Nantes aux amis de la liberté; les Membres du comité révolutionnaire de Nantes à leurs concitoyens; Acte d'accusation contre les membres du comité révolutionnaire de Nantes; Plaidoyers par Villenave et par Tronson Ducoudray; les Dangers des préventions nationales, ou court exposé de la conduite d'Yves Proust. — Renvoi des membres du comité révolutionnaire de Nantes devant le tribunal d'Angers. Rapports de Bernier et de Delecloy concernant le comité révolutionnaire de Nantes; Opinion de Méaulle sur la proposition de rejuger les anciens membres du comité de Nantes; Adresse des citoyens de la commune de Nantes à la Convention; la Voix dans le désert, par Chaux; Appel à la justice nationale, par Cressend; Réal, aux amis des principes; Pétition des citoyens de la commune de Nantes à la Convention; Ch. Forget à ses concitoyens; Précis pour J. M. *Dorvo*, an II, 6 p.; *Baco*, maire de Nantes à la Convention nationale, 1793, 8 p.; la Queue de Carrier traînant dans la Société populaire de Nantes; Doléance de Chartier aux représentants d'un peuple libre, en tout vingt-trois pièces. 41

78. — Tronjolly (Phelippes, dit), président du tribunal criminel révolutionnaire de Nantes; Réquisitoires, comme premier avocat du roi, au présidial de Rennes, 2 avril 1789; Adresse à l'assemblée constituante, 1791; Mémoire du sans-culotte Phelippes, an II; Noyades, fusillades ou réponse au rapport de Carrier, an III; Dénonciation des crimes et attentats commis 19

à Nantes pendant la mission de Carrier; Phelippes à la Convention, an II, avec des notes autographes et sa signature; Divers mémoires adressés à la Convention pour sa défense et contre Carrier, an II; Extrait des registres de la mairie de Rennes, an XII; A Sa Majesté l'Empereur des Français, 1808, en tout onze pièces.

79. — Carrier. Rapport sur les missions qui lui ont été déléguées, an III, avec la suite, 2 pièces; Discours prononcé dans la séance du 3 frimaire, an III; Rapport fait par la commission des Vingt et un pour examiner la conduite de Carrier; Pièces remises à cinq époques différentes à la commission des Vingt et un; Appel nominal des 3 et 4 frimaire, an III, sur la question de savoir s'il y a lieu à accusation contre Carrier; Motifs de l'acte d'accusation contre Carrier, par Dupuis; les Citoyens de la commune de Nantes et de la Société populaire à la Convention; Discours de Legendre contre le noyeur Carrier; Acte d'accusation contre Carrier; Résumé fait au tribunal de l'opinion publique contre Carrier et ses complices; les Noyades ou Carrier au tribunal révolutionnaire; Plus de noyades; Lettres du sensible Carrier au bienfaisant Collot-d'Herbois; Adieu de Carrier à Collot, Billaud, etc.; Chacun son mot, tout ira bien; Justification de Carrier; A bas la tête de Carrier; Places à louer pour voir passer Carrier le jour qu'il ira à la guillotine; le Rempart de Carrier traîné dans la boue; Dernières volontés de Carrier; le Cri de la patrie aux hommes libres; A votre tour après Carrier, Messieurs Barrère, Collot, etc.; Grande colère du médecin Duhem, de voir qu'il ne peut sauver son ami Carrier; Carrier commence la marche, suivez, Messieurs! Oraison funèbre de Carrier; Testament de Carrier, en tout vingt-sept pièces.

80. — Fouché. Réflexions sur le jugement de Louis Capet, 1793; Rapport sur sa mission dans la Mayenne et la Loire-Inférieure, 1793; Aux habitants du département de la Nièvre, 1793; Tisset au citoyen Fouché, an VII; les Remontrances du parterre, ou Lettre d'un homme qui n'est rien à tous ceux qui ne sont rien, par J. Le Franc, 1814 (attribué à Fouché); Lettre au duc de Wellington, avec des observations, par de Villeneuve, 1817; Quelques observations sur la lettre de Fouché à Wellington, par de Saint-Victor, 1817; Mémoires historiques sur Fouché, de Nantes, par un Anglais, 1815; Mémoires de la vie publique de Fouché, 1819; Matériaux pour servir à la vie privée et publique de Fouché, par M. N..., 1821; Mémoires de Fouché, Paris 1824, 1 vol. in-8, port., piqué d'humidité (ouvrage apocryphe, rédigé par Alph. de Beauchamp, en tout onze brochures ou volumes.

81. — Notices sur le duc d'Otrante, traduite de l'allemand, Leipzig, 1816, 1 vol. in-8 de 130 p., broché. Ouvrage rare, et le seul, sans doute, qui ait été avoué par Fouché. S'il ne l'a pas rédigé lui-même, il en a certainement fourni les matériaux. Cet exemplaire est couvert de notes marginales de sa main, par lesquelles il rectifie, explique, et, le plus souvent, développe certains passages.

82. — Histoire d'Ancenis et de ses barons, par E. Maillard, *Nantes* 1860, 1 vol. grand in-8, figures, broché.

83. **LOIR-ET-CHER.** Copie de la lettre de la ville de Vendôme

aux députés de Loir-et-Cher, 1792; Rapport des commissaires (Villiers, Longchamp et Couthon) de la Convention dans le département de Loir-et-Cher, 1792; Tableau des prisons de Blois, an III. — Députés. Rapports et autres écrits de *Beauharnais*, *Foussedoire*, *Frecine* et *Leclerc*. — Discours prononcé par Chappotin, à l'occasion de la plantation de l'arbre de la liberté à Pont-Levoy; Mémoire, testament et correspondance du marquis de Favras, 1790; l'Ombre de Favras; Acte de foi de Mme Favras. — Voyage dans le département, par Lavallée. — Notices. Eloge de Maurepas, par Condorcet, 1782; Notices sur le duc d'Avaray, le vicomte de Montmorency et Aug. Thierry, en tout vingt-trois pièces.

84 **LOIRET.** Arrêté du Châtelet d'Orléans, 1788; Adresse d'Orléans et de plusieurs paroisses de l'Orléanais à l'Assemblée nationale, 1790; la Punition miraculeuse d'un chef de séditieux, et le récit sanglant de ce qui s'est passé à Orléans les 12, 13 et 14 septembre 1789; la Société des amis de la constitution d'Orléans au détachement de Royal-Comtois; Discours du sieur Evrard, prononcé à la Société des amis de la constitution d'Orléans, 1791; Massacre des prisonniers d'Orléans, par Fournier, an VIII; Liste de tous les prisonniers traîtres à leur patrie, jugés en dernier ressort par le peuple souverain de Versailles; Rapport de Léonard Bourdon et de Prosper Dubail, commissaires envoyés près la haute-cour nationale à Orléans, 10 septembre 1792; Compte rendu au Directoire du district d'Orléans, des événements des journées des 16 et 17 septembre 1792, 84 p. in-4; Extrait des procès-verbaux de la société des Jacobins d'Orléans, des 9, 10 et 11 octobre 1792; Procès-verbal de la Convention du 18 mars 1793 (relatif à Orléans); Rapport de Lefiot sur sa mission dans le Cher, la Nièvre et le Loiret, an II; Compte rendu de Porcher en mission dans le Loiret, an II; Procès-verbal d'une séance publique tenue à Montargis, au Temple de la Raison, pour censurer les royalistes, an II; Discours et compte rendu de Brival, en mission à Orléans, an II et an III; Léonard Leblois à la Convention et au calomniateur Therou, an III; Procès-verbal des événements qui ont eu lieu à la Maison commune d'Orléans relativement à Barrère, Collot et Billaud, condamnés à la déportation, an III; les Citoyens de la société populaire d'Orléans à la Convention, an III; Décrets relatifs au département. — *Députés*. Rapports, opinions et autres écrits de *Garran*, *Louvet*, *Genty*, *Gastellier*, *Johanet*, *Manuel*, *Cornet*, etc., en tout cinquante-huit pièces.

85. — Voyage dans le département, par Lavallée, fig.; Rapport de Guyton, opinion de Marragnon et de Poncin, et autres écrits sur les canaux d'Orléans et de Loing, les adieux du despotisme, par Légier de Grandmaison, 1790; Discours pour une retraite de jeunes ecclésiastiques, par Gontière, 1791, figurine antique trouvée à Tige, fig.; Orléans et ses environs, 1840, in-18, fig., en tout dix pièces in-8, in-4 et in-18, br.

86. — Bourdon (Léonard), conventionnel. Réponse à Ch. Villette, 1792; Projet de réglement pour la Convention, 23 septembre 1792; Deux opinions sur le jugement de Louis XVI; Recueil des actions héroïques et civiques des républicains français, quatre numéros, an II; A ses concitoyens, an II; Adresse de

la société des Jeunes Français (élèves de Léonard Bourdon), 1793. — ATTENTAT COMMIS A ORLÉANS SUR LA PERSONNE DE LÉONARD BOURDON, LE 16 MARS 1793. Extrait des registres du conseil de la Commune d'Orléans, du 16 mars 1793; Procès-verbal de la Convention du 18 mars; Pétition à la Convention par les citoyennes d'Orléans, deux éditions; Compte des opérations de la municipalité d'Orléans, du 31 décembre 1792 au 22 mars 1793, 81 p. in-4; A la Convention les maire et officiers municipaux d'Orléans, 26 mars; la Municipalité d'Orléans suspendue de ses fonctions; à la Convention; Rapport de Noël sur la pétition de la municipalité d'Orléans, 17 mars; Exposé des faits relatifs à l'assassinat de Léonard Bourdon; Réponse aux assertions de Collot-d'Herbois et Laplanche, 19 mai, en tout vingt et une pièces in-8 et in-4, br.

87. — NOTICES. Eloges de Jeanne d'Arc, par Longin et Berland; Examen critique de l'histoire de Jeanne d'Arc, par Haldat, 1850, 1 vol. fig.; Ordre de la procession qui se fait tous les ans, en actions de grâce de la délivrance d'Orléans par l'entremise de Jeanne d'Arc, 1790; Prospectus pour la réédification à Orléans d'un monument en l'honneur de Jeanne d'Arc; Biographie de Jacques Lablée, 1838, en tout sept pièces in-8 et in-4, br.

88. NOTICES. Eloge de Phélippeaux, archevêque de Bourges, par Blin de Sainmore; Notice sur Pothier, par Dupin, port., sur Girodet, sur Ant. Petit; Biographie de Lablée, 1838; Oraison funèbre du représentant Beauvais; Vie secrète de P. Manuel avec portr.; Notices sur de Morogues; l'abbé Desjardins et Ripault, en tout dix pièces in-8 et in-4, br.

89. **LOT.** Rapport de Godart et Robin, commissaires dans le département du Lot, 1791; Découverte importante, 1789; Extrait d'une délibération des paroissiens de la ville de Castelnau de Montratier, 1791, placard in-fol.; Rapport de Benoid sur les notaires du département du Lot. — Opinions de *Portalis*, *Rossée*, *Muraire* et *Marbot*, sur les assemblées électorales scissionnaires du département du Lot, en l'an IV et l'an V avec les procès-verbaux, sept numéros du journal du Lot, an V. — Députés. *Jeanbon-Saint-André*, Rapports sur ses missions à Brest, an II, et son opinion sur le jugement de Louis XVI; Rapports, opinions et autres écrits de *Cavaignac*, *Albouys*, *Delbrel*, *Laboissière*, *Mommayou*, *Cledel*, *Ramel*, *Lachièze* et *Soulhé* sur le procès de Louis XVI, etc. — Voyage dans le département, par Lavallée; Tableau de ma conduite, par Delbrel; Vie du maréchal Bessières, par Cornède-Miramont; Vie de Murat, par le même; Eloge de Verninac, par Dumas. Notices sur Treneuil et Salgues; Obsèques de G. Cavaignac, 1845, en tout quarante-quatre pièces.

90. **LOT-ET-GARONNE.** Remontrances de la cour des aides de Guienne au roi; Cahier des députés de la noblesse d'Agenois, 1789; Eloge funèbre de Mirabeau prononcé au couvent des Capucins de Nérac, par Courties, 1791; Lettres du département de Lot-et-Garonne à l'Assemblée nationale, 1792; Montpezat à la Convention, 1793; Lettre de la société populaire de Clarac aux Jacobins de Paris, déclarant qu'elle fait scission avec la société de Tonneins, 8 novembre 1792, 3 p. in-4; Lettre de la société des Amis de la constitution d'Agen, 15 mai 1791, 7 p. in-8; Compte rendu de Treilhard et Mathieu,

sur leur mission dans la Gironde, Lot-et-Garonne et départements voisins, 1793. — *Députés.* Rapports, opinions et autres écrits de *Batz*, *Depère*, *Paganel*, *Boussion*, *Mougsset*, *Laujacq*, *Lacuée* et *Lafont*, à l'Assemblée nationale à la Convention et au conseil des Cinq-Cents. — Voyage dans le département, par Lavallée. — Notice sur Lacépède, par Amalric, et Eloge du même, par Villenave, 1826, en tout trente-quatre pièces.

91. **LOZÈRE.** Opinion des députés de la Sénéchaussée de Mende; Lettre de Châteauneufrandon, au sujet des bruits injurieux, répandus sur le civisme des habitants du Gevaudan, 1790; Extrait du procès-verbal tenu par les représentants dans l'Aveyron, relatif à Charrier, 1793; Noms des citoyens présentés pour compléter les autorités de la Lozère, an III; Décrets relatifs au département; Notes sur le département de la Lozère, et détails sur l'arrestation du maréchal Soult, 1816. — *Députés.* Opinions, discours et autres écrits de *Pelet*, *Châteauneufrandon*, *Barrot*, sur le jugement de Louis XVI. — Voyage dans le département, par Lavallée. — Notices sur Chaptal, 1832, et son Eloge, par Julia Fontanelle; Notice sur Ch. Comte, par Mignet, 1846, et sur Odilon-Barrot, en tout vingt-trois pièces.

92. **MAINE-ET-LOIRE.** Le Pater du Tiers-Etat, paraphrase par M. C., roturier angevin; le Pater, l'Ave et le Credo, par le même; Lettres des volontaires nationaux d'Angers (sur le pacte fédératif breton), décembre 1789, 3 p. in-4; Circulaire des Jacobins d'Angers, 1792; Rapport de Benaben, commissaire du département de Maine-et-Loire, an III; Conspiration de Saumur, 1841 (Extrait du *National* de 1841). — Députés. *Reveillière-Lépeaux*, Opinion sur le procès de Louis XVI et sur le jury constitutionnaire; Discours du 26 ventôse an III; Rapport sur les réfugiés d'Angers, 1793; Réponses aux dénonciations portées contre lui au Corps législatif, an VII; Trahisons manifestes de l'ancien Directoire ou Réponse à Réveillière-Lépeaux, etc.; Rapports, opinions, discours, écrits politiques et autres de *Delaunay*, *Choudieu*, *Leclerc*, *Talot*, *Sacary*, *Grandin*, *Bonnemère*, *Poitevin*, etc. — Voyage dans le département, par Lavallée, en tout cinquante pièces.

93. — Notices. La Vie, la mort et les miracles de M. Foullon, du 22 juillet 1789, 8 p.; Testament de Judas-Ravaillac-Cartouche de Foullon, 6 p.; Vie de Bonchamps, par Chauveau, 1817, portr. et fig.; Oraisons funèbres de Bonchamps, par Gourdon, 1825; Mémoires de Renée Bordereau, dite Langevin touchant sa vie militaire dans la Vendée, 1814, fig.; Notices sur René (d'Anjou (2), David d'Angers) (2), Mathurin Bruneau, Fardeau, Gauchois (Anne), Martial-Talot et Du Petit-Thouars (2), en tout quinze pièces.

94. — Lettres et documents sur les volontaires de Maine-et-Loire et la révolution française. *Paris* 1850, 4 vol. in-8, br.

95. — La Réforme et la ligue en Anjou, par Ernest Mourin, *Angers* 1856, 1 vol. in-8 br.

96. **MANCHE.** Défense, sous peine de mort, de communiquer avec un navire venu de Dantzick, 13 décembre 1770, deux pièces in-4; Sa Majesté très-chrétienne visitant les ouvrages de Cher-

bourg, figure sur bois (canard de l'époque); Lettre de convocation aux États généraux pour le pays de Soule, 1789; Adresses du clergé de Saint-Lô à l'Assemblée nationale, 1790; à l'Assemblée nationale, par Meusnier; Lettre à Monsieur Becherel, évêque de la Manche; Adresse de plusieurs députés de la Manche à leurs commettants, 1791; Extrait des registres, adresse et lettre circulaire des sociétés des Amis de la constitution de Cherbourg et de Valognes, 1791; Rapport de Bonnegens sur l'échange de la forêt de Brix; Pétition à la Convention, par Chauffer; Autre, par Pernet; Adresse à la Convention rédigée par Julien de Carentan; Sept rapports ou autres pièces de Lecointre, Prieur, Lecarpentier, Bouret, Ruault, etc., sur leurs missions dans le département de la Manche; Rapport et motion de Lomont et Lecointre sur la destitution de La Lande; Économie de trois millions et Précis des motifs qui s'opposent à la translation de l'administration de la Manche à Saint-Lô, an IV; les Républicains de Valognes au Corps législatif, an VII. — Députés. Rapports, opinions et discours de *Boncouloir*, *Bonnesœur*, *Ribet*, *Lecarpentier*, *Letourneur*, *Perrée*, *Engerran*, etc. — Voyage dans le département, par Lavallée; Notice sur le mont Saint-Michel, par Boudent-Godelinière, 1845. — Notice sur le collége de Coutances, par l'abbé Daniel, 1848; Procès-verbaux, lettres, rapports, discours, procès-verbal, relatifs au séjour de Louis XVIII et du duc de Berry en 1815, cinq brochures in-4, en tout quarante-trois pièces.

97. — Notices. Précis de la vie du général Valhubert, 1832; Relation de la fête célébrée à Avranches pour l'inauguration de sa statue; Poésies en son honneur; Éloges de Beauvais, par l'abbé Gallard, de Le Gentil, par Cassini, de Vicq d'Azir, par Moreau, de Voullier, par Paulmier et de Burnouf, par Morel. *Notices* sur Lemonnier, par Mulot, de Bisson, de Berriays, par Lair et d'A. Dubois, en tout douze pièces.

98. **MARNE.** Description de la décoration de la porte de Vesle, pour l'entrée à Reims de Mgr de La Roche-Aymon, 1763; La Tasse de café sans sucre (sur l'évêque de Châlons); Mémoire sur un projet de canal, par Brulier; Adresse et pétition des villes de Sézanne et de Châlons; la Société populaire de Châlons à la Convention; Dancourt (commandant temporaire de Châlons), tel qu'il fut, tel qu'il est et tel qu'il sera toujours, an II; Détails relatifs à l'arrestation du roi à Varennes, in-4; Lois relatives au département; Compte rendu de Guillemardet sur sa mission à Châlons, an III; Notice sur le genre de persécution qu'éprouvent les patriotes de Sainte-Menehould, an III; un Administrateur de la Marne aux honnêtes gens de ce département (an III). — Députés. Rapports, opinions et discours de *Sillery*, *Prieur*, *Thuriot*, *Ribet*, *Delacroix* et *Drouet*. — Tableaux de commande pour les députés, par Linguet; Rapport de Chambon, 1793; Frédéric II et à la nation française, par Mopinot; Divers écrits de Ferrières Sauvebœuf. — Voyage dans le département, par Lavallée. — Histoire des comtes de Champagne et de Brie, *Paris* 1753, 2 vol. in-12, reliés veau, en tout trente-deux pièces ou volumes.

99. — Notices. Essai sur la vie et les ouvrages de Linguet, 1809; Qu'est-ce que Linguet? avec le supplément; Lettre d'un jeune

clerc à Linguet; Recherches sur la vie et les ouvrages de Richer de Belleval, 1786; Vie de Musart, curé de Somme-Vesle, par Loriquet, 1823; le Maréchal Drouet d'Erlon, 1844, portr.; Notices sur Colbert, Nacquart, Ozaneaux; Eloges de Gerson, par Faugère, 1838, De Colbert, 1773; De Bayen, par Parmentier, en tout quatorze pièces.

100. — Essais historiques sur Reims, par un de ses habitants, *Reims* 1823, 1 vol. in-8, br.

101. — Histoire de saint Remi, précédée d'un aperçu historique sur la ville et l'église de Reims, par Armand, *Paris* 1846, 1 vol. in-8, br.

102. **MARNE** (Haute). Extrait des registres de l'élection de Chaumont en Bassigny; Lettre de l'évêque de Langres aux administrateurs de la Haute-Marne, 1790, 62 p. in-4; Discours prononcé par M. Becquey à l'ouverture de l'assemblée administrative du département, 5 juillet 1790, 25 p. in-4; Mémoire à l'Assemblée nationale, par les officiers municipaux de Brevannes et les commandants et officiers de la garde nationale, 16 juin 1790, 35 p. in-4; Procès-verbal du dépôt de la bannière consacrée à la fédération et donnée par la Commune de Paris, 25 juillet 1790, 15 p. in-4; Adresse du département de la Haute-Marne à tous les départements de France, Chaumont, 4 septembre 1790, 2 p. in-4; Mémoires pour Dureville, commandant de la garde nationale de Chaumont, 1791; Pétition de la ville de Sezanne à l'Assemblée nationale, 1792; Proclamation de M. Paulze d'Ivoy, préfet, relative au plébiscite, 16 décembre 1851, placard in-fol. — Députés, rapports, opinions, discours et autres écrits de Becquey, Branges, Choiseul Daillecourt, Monnel, Thomas, Henrys, Prieur, Laloy, etc. — Voyage dans le département, par Lavallée. — *Notices.* Eloge de Diderot, par Eusèbe Salverte, an IX; Mémoire sur Diderot, par Damiron, 1852. Notices sur Dupuis, par sa veuve, 1813; Notices sur Dupuget, Dufour, Bourmont et Damremont, en tout quarante pièces.

103. **MAYENNE.** Amende honorable d'un vieux marquis devenu tambour, ou relation de ce qui est arrivé au marquis d'A..., seigneur de Craon, 1789; Circulaire des Amis de la constitution de Port-Louis, 1792; Dénonciation contre Esnue-Lavallée, par les citoyens de Laval, an III. — Voyage dans le département, par Lavallée, 1794. — Députés. Rapports d'Enjubault-La-Roche sur l'échange de la Dombes; Nouvelles observations de Pocholle, an IV; Opinion de Bissy sur les condamnés qui font des révélations, an VII. — *Notices.* Sur le monument d'Ambroise Paré, 1840, fig.; Notice sur Volney, 1821; Eloge du cardinal de Cheverus, par Villenave, et discours sur l'inauguration de son monument, par Hamon; Eloge funèbre de Lefebvre de Corbinière, par Crouzet; Notice sur Paillard Ducléré, 1849, en tout treize pièces.

104. **MEURTHE.** Relation de ce qui s'est passé au mariage de M. le duc de Lorraine avec Mademoiselle, tant à Fontainebleau qu'à Bar, à Nancy et autres lieux, en octobre et novembre 1698, 46 p. in-4; Procès-verbal des séances de l'assemblée provinciale des duchés de Lorraine et de Bar, tenue à Nancy en 1787, 75 p. in-4; Réquisitoire du procureur du roi au bailliage de Lixheim, 1788; Vers adressés à M. Men-

gin, 1788; Déclaration du Parlement de Nancy du 11 juin 1788; Epitre à Mgr de La Fare, par Dusaulchoy, 1789; Délibération du corps municipal de Vezelize, 5 avril 1790; Fédération du mont Sainte-Geneviève, 19 avril 1790; Précis des événements arrivés à Lunéville du 28 au 30 août 1790, 11 p. in-4; la Commune de Champigneule à la Convention, an II, 3 p. in-4; Lois et décrets relatifs au département; l'Assemblée nationale; Pétition de la garde nationale de Lunéville; Aventures de Croquenoix avec son maître La Luzerne, 1791; Lettres pastorales de l'évêque de la Meurthe, 1791; Procès-verbal de la municipalité de Nancy, 22 juillet 1792; Adresses du département, de la municipalité et des Amis de la constitution de Nancy, ou 1792; Mémoire pour Feydeau Marat; Mauger à la Convention; Proclamation du comité révolutionnaire de Nancy, 7 frimaire an II, placard in-fol.; le Maire de Nancy indignement opprimé et injustement incarcéré à la Convention, an II; Extraits des procès-verbaux des Sociétés populaires de Nancy et de Sarrebourg, an II; Pétition de plusieurs citoyens de Nancy à la Convention, an II; Ordre de marche de la fête à l'Etre suprême, à Nancy; la Société populaire révolutionnaire de Nancy aux autres Sociétés de la République; Discours prononcé à la Société populaire de Nancy par le sans-culotte Philip, an II; Recueil des actions héroïques et civiques des républicains français, Nancy an III, n° 1; Proclamation de B. Faure portant destitution de Glasson-Brice, maire de Nancy, an II; Rapports (2) de Balthazar Faure sur sa mission dans le département de la Meurthe, an II; la Vérité, pour servir de réfutation aux deux rapports de Faure, an II; Premier et troisième rapport de Couturier et Dentzel sur leurs missions dans la Meurthe, la Moselle et le Bas-Rhin, an II; Programme de la fête de la souveraineté du peuple à Nancy, an VI; la Municipalité de Phalsbourg au conseil des Cinq-Cents, an VII; Avis au peuple français (en faveur du rétablissement des Bourbons); Affiche placardée le 22 mars 1814, à Nancy, et arrachée partout le soir; Discours tenu par le feldmaréchal de Blücher aux membres de la municipalité de Nancy (1814), affiche; Lettres aux colléges électoraux rassemblés au Champ de Mai, par Noël, 1815, en tout quarante-huit pièces.

105. — Insurrection de Nancy au mois d'aout 1790; Copie de la lettre écrite aux députés de la Meurthe par le Directoire de ce département; Discours du Père Fouquerel, capucin, au service de Desiles; Rapport de Duveyrier et cahier sur les troubles de Nancy; Affaire de Nancy; Lettre de Louvain-Pescheloche, etc., en réponse à celle de Sillery; Recueil de pièces authentiques sur l'affaire de Nancy; Relation à nos frères d'armes de Paris, de ce qui s'est passé à Nancy; Relation authentique de ce qui s'est passé à Nancy, par Marat; Lettre de M. de Courtivron; Mémoire des officiers de carabiniers; Mémoire justificatif pour les soldats du régiment du roi; Précis des principaux événements arrivés à Nancy, depuis le 20 juillet; Oraison funèbre prononcée par le cheval blanc de Lafayette en l'honneur des assassins du régiment de Château-Vieux; Colère du Père Duchesne au sujet de l'affreux massacre des patriotes de Nancy; Rapport à la Société des Amis de la constitution pour les quarante soldats de

Château-Vieux, par Collot-d'Herbois; Liste des députés qui ont voté pour et contre l'admission des soldats de Château-Vieux à la barre; Détail et ordre de la marche de la fête en l'honneur des soldats de Château-Vieux, et autres écrits sur cette fête, en tout dix-neuf pièces.

106. — DÉPUTÉS. *Salle.* Moyens de maintenir la constitution; Opinions sur le procès de Louis XVI; Salle à Robespierre, à Levasseur, à Guffroi et à Dubois Crancé; Recherches sur les agents de la faction d'Orléans; Plan suivi par Robespierre et les Jacobins pour donner un roi à la France, etc., treize pièces; Rapports, opinions, discours et autres écrits de *Besson*, *Voidel*, *Jacob*, *Jacqueminot*, *Regnier*, *Boulay*, *Mourer*, *Gossin*, *Mollevaut*, *Mallarmé*, etc. — Divers écrits de Dedon, Turben et Riouffe. — Voyage dans le département, par Lavallée; Dictionnaire des expressions vicieuses usitées en Lorraine, 1807; Peg. Atinus, Nancy an IX; le Véritable optimisme, par Sarrazin; Notice sur les tombeaux de Charles-le-Téméraire, 1840, etc., en tout cinquante-sept pièces.

107. — NOTICES. Le Monument de Pœfeum, ou Discours funèbre sur Catherine de Lorraine, par Dom E. Majoret, Nancy 1648; Vœux et offrandes à Henriette de Lorraine, 1646; Oraisons funèbres de J. B. Gouvion, par Mulot, 1792; Notice sur Grégoire, par Lavaud, 1819; Vie, notice, nécrologie et éloge du maréchal Lobau; Eloge de Beauvau, par Boufflers, avec un envoi autographe signé de l'auteur; Eloges de Sonnini, par Thiébaud de Berneaud, et de Grandville, par Nollet. — *Notices* sur le général Haxo, Rigny, Ladoucette, de Leuret, Clodion et Mengin. — Eloge de Zangiacomi, par Paillard, 1854; Notice sur le général Fririon, 1852, en tout vingt et une pièces.

108. **MEUSE.** Pièces justificatives pour servir aux observations de la ville de Saint-Mihiel, 1787; Délibérations du Tiers-Etat de Commercy, 13 janvier 1789; Lettre de convocation aux Etats généraux pour la Lorraine et le Barrois, 1789; Première adjudication de domaines nationaux dans le district de Commercy, 1791; Rapport et opinion sur l'échange du Clermontois et sur la question de savoir si le comté de Clermont est une propriété domaniale, par Geoffroy et Bengy de Puyvallée; Cinq pièces sur l'arrestation du roi à Varennes, 1791; Rapport de Destrem sur le transit par les départements du Haut- et du Bas-Rhin, de la Meuse et de la Moselle, 1792; Arrêté du département de la Meuse, 1792; Rapports (3) de *Pons*, de Verdun, *Drouet*, *Prieur* et *Ch. Lacroix* sur leurs missions dans le département de la Meuse; Proclamation de Mallarmé, commissaire dans la Meuse, 12 floréal an II. — *Députés.* Rapports, discours et opinions de *Regnier*, *Harmand*, *Drouet*, *Pons*, *Chenet*, *Rousset*, etc. — Voyage dans le département, par Lavallée; Essai archéologique sur Nasium, par Denis, etc., en tout trente-six pièces.

109. — VERDUN. Evénements mémorables arrivés à Verdun, 1789; Fête civique du 14 juillet 1789; Discours prononcé à la fédération du canton de Foucarmont, par Gossin; Rapports (2) de Sillery et Cavaignac sur la reddition de Verdun, 1792; Observations sur la pétition présentée à la Convention le 28 octobre 1792, par Galbaud, commandant de Verdun; Pe-

tition à la Convention sur la prise de Verdun, 11 novembre 1792; Beaurepaire ou la prise de Verdun; Tragédie, par Gamon (exemplaires avec des corrections); De la ruine de Verdun, par Humbert et autres. — Bar-sur-Ornain. Rapport de Regnault sur la conduite de Mailfer, ex-maire, an II; Rapport de Gillot-Maillard sur les troubles qui ont agité et agitent encore la commune, an II; Joseph Roger à ses concitoyens, en tout quatorze pièces.

110. — Notices. Le Royalisme ou mémoire de du Barri de Saint-Aunez, par de L. (Limayrac), 1770; Portrait, notices et éloge d'Henrion de Pansey, par Bernard, Rozet, Chevert et par Bonnaire; Notices sur le général d'Anthouard et le maréchal Oudinot, en tout sept pièces, in-8, br.

111. **MORBIHAN.** Extrait des registres de la ville de Ploërmel, 1789; Circulaires des Jacobins de Lorient, 1784; Adresse des Jacobins de Vannes à l'Assemblée nationale, et discours prononcé à cette Société, par Andrein, 1791; Adresse des administrateurs du Morbihan, 1793; Imposture de Sévestre, 1793; Rapport de Gillet sur le mode de comptabilité des anciens receveurs de Bretagne; Marche des Bretons vers Paris; la Société populaire de Lorient à la Convention et aux Parisiens sur le 9 thermidor an II, 2 p. in-fol.; Trois décrets sur Lorient; Rapport de Lucas Bourgerel sur l'emplacement du cimetière de Lominé, an V. — *Députés.* Rapports, opinions et autres écrits de *Corbel*, *Audrein*, *Lapotaire*, *Lequinio*, etc.; Voyage dans le département, par Lavallée. — Notices. Vie privée de George Cadoudal; Notices sur Cambry, Rozet et Trentiniant, en tout vingt-cinq pièces in-8, br.

112. **MOSELLE.** Factums du Père provincial de Paris, contre l'abbaye de Saint-Arnoud, de Metz; Sur les conquêtes du roi, épitre, Metz 1674; Arrêts du Parlement de Metz; Ordonnances des échevins, affiches diverses, de 1786-1788, cent pièces; Fédérations de la ville de Metz, 1790, avec deux pièces relatives au même sujet; Adresse du régiment de Metz à l'Assemblée nationale, 1790; Détail du combat qui a eu lieu à Metz, 1790; Extrait du procès-verbal de la Société des Amis de la Constitution, 3 juillet 1791; Mémoire à l'Assemblée nationale, par M. de la Varenne, 1791; Rapport de Lamarque, Laporte et Bruat, commissaires à l'armée du Centre, 1792; Rapports (4) de Couturier et Dentzel sur leur mission dans la Meurthe, la Moselle et le Bas-Rhin, an II; Rapports, notes, comptes rendus et observations de Blaux, Lacoste, Baudot et Hentz sur leur mission dans la Moselle, an II; Discours du maire de Metz à son installation, 13 ventôse an III; Journal sans titre, qui peut servir de supplément à la feuille de Metz, 1796, dix numéros; Rapport de Fréville sur l'aliénation d'un terrain de la commune d'Affleville, an X, etc., en tout cent trente-quatre pièces.

113. — Thionville (Siége de), en 1792. Lettres du général F. Wimpfen, commandant de Thionville; Discours des députés extraordinaires de Thionville, en apportant des éclats de bombes à la Convention; J. E. Krieg, commandant de Metz, au véritable républicain; Précis pour la veuve Foulmaire; Pétition de Gigot à la Convention, 1793. — Longwy (Reddition de), en 1792. Relation du siége de Longwy, 39 p. in-4 à

Précis sur la reddition de Longwy; Exposé de la conduite de Lavergne, commandant de Longwy; Guillemart et Jacqueminot, à la Convention; Décrets relatifs au département, en tout douze pièces.

114. — Voyage dans le département, par Lavallée; Dictionnaire du département de la Moselle, par Viville, Metz 1817, t. Ier; Description des principaux monuments de Metz, 1833; le Temple des Messins, poëme par Pierron, Metz 1779; Discours sur le progrès des lettres en France, par Rigoley de Juvigny, 1772; un Souvenir des Paraiges, par Lespines, 1841, en tout six pièces.

115. — Députés. Rapports, discours, opinions et divers autres écrits de *Merlin*, *Rœderer*, *Blaux*, *Couturier*, *Hentz*, *Thirion*, *Becker*, *Bar*, *Barbé-Marbois*, *Albert*, *Perin*, *Duquesnoi* et *Géral*. — Divers écrits de Lacretelle, Bouchotte, Anthoine, Faultrier et Ducancel, en tout cinquante pièces.

116. — Custine (le général). Cinquième compte rendu à ses commettants, 1789; Opinion sur les émigrants, 1791; Au Président de la Convention, 1793; Lettre à Levasseur, 1792; Jugement de Custine; Edition du tribunal révolutionnaire, quatre numéros; l'Ex-général Custine traité comme il le mérite; Entretien de Custine avec Théophile Mandar; Crimes et forfaits, mœurs et liaisons de Custine; Véritables griefs, et chefs d'accusation contre Custine; Eclaircissements sur la trahison de Custine; Mon opinion comme juré dans l'affaire de Custine; Sept numéros du véritable Père Duchesne d'Hébert contre Custine, en tout vingt-trois pièces.

117. — Notices sur Houchard, par son fils, 1809; Sur Grénier, par Sicard; Sur le maréchal Molitor; Sur le marquis de Custine; Sur Rœderer, Barbé-Marbois, Lacretelle et le baron Dupin, en tout dix pièces.

118. **NIÈVRE.** Lettre d'un plaideur du Nivernais à son curé, par Benoît de Sologne, 1789; Moyen de payer en trois mois tous les créanciers de la France, par Bouys, officier de la garde nationale de Nevers, 1790, 24 p. in-4; Passion du Jésus des vrais catholiques, crucifié par les Juifs schismatiques du département et de la municipalité de Nevers, à Genève, l'an Ier du schisme; Adresse du département de la Nièvre à l'Assemblée nationale, 12 août 1792; Département de la Nièvre (affiche signée Tollet), 12 nov. 1792; Lettre de Loiseau à Quétineau, 1793; Rapports (3) de *Lefiot* et *Noel-Pointe* sur leurs missions dans les départements de la Nièvre, l'Allier et le Cher, an II; Noel-Pointe aux habitants de Nevers, an II; Exposé de la conduite des patriotes de Cosne, an II; Procès-verbaux des séances tenues les 3, 4 et 5 floréal an II, au temple de la Raison, à Nevers; Deux proclamations de Fouché aux habitants de Nevers, 25 août et 2 octobre 1793, 14 p. in-4; Décrets relatifs au département. — Députés. *Dupin*. Dénonciations contre lui, avec ses réponses relatives aux fermiers généraux, six pièces; Rapports, discours et autres écrits de *Parent*, *Laplanche*, *Delarue*, *Legendre*, *Jourdan*, *Duviquet*, *Hyde de Neuville*, etc. — Voyage dans le département, par Lavallée; Maître Adam, menuisier de Nevers, comédie par Le Prévôt et Philipon, an IV; Mémoire sur une tentative d'insurrection dans le Magne, au nom du

duc de Nevers, de 1612 à 1649, par B. de Xivrey; Discours du général Allix, prononcé en 1833 devant le tribunal de Clamecy, en tout trente-huit pièces.

119. — Notices. Testament du feu R. P. Th. Le Gaufre, *Paris* 1646, in-4; Théodore de Bèze, par Marron; Eloge de Nivernois, 1807; Apologie de Mᵉ Dupin, par les Jésuites de Fribourg, 1830; Notice biographique sur Dupin, par Ortolan; Souvenir d'Hortense-Marie-Plainchant de Levange, 1854; Notice sur l'abbé Imbert, 1841, etc., en tout huit pièces.

120. **NORD.** Lettre de convocation des Etats généraux pour la province de Flandres, 1789; Rapports de Boullé Bernard et autres pièces sur l'état des frontières du Nord, etc.; Décrets relatifs au département. — *Députés.* Rapports, opinions, motions, discours à l'Assemblée nationale, à la Convention ou au Conseil des Cinq-Cents, par *Gossuin*, *Merlin de Douai*, *Prouveur*, *Briez*, *Goudelin*, *Duhem*, *Declercq*, *Derenty*, *Fauvel*, *Lesage-Senault*, *Poultier*, etc. — Voyage dans le département, par Lavallée, en tout quarante-six pièces.

121. — Lille. Le Cri de l'humanité aux Etats généraux, par Savarin de Lille; Récit de ce qui s'est passé à Lille, juillet 1789; Au roi, par Livarot, 1790; Mémoire pour la ville de Lille contre les assignats forcés; Relation de l'assassinat de Théobald Dillon, le 29 avril 1792; Mémoire justificatif à la Convention pour Duhoux, commandant le siége de Lille, 1792; les Députés extraordinaires de Lille à la Convention (relatif au bombardement de Lille), 1792; la Colonne de Lille; Poésies relatives au bombardement de Lille, en 1792; Lille 1845, fig.; les Députés et la municipalité de Lille à la Convention; Réponse de la Société populaire de Lille à Chales, an II; Observations du ci-devant Conseil général de Lille au mémoire de Lavallette, an II; Ordre du jour de Bourmont, du 16 juillet 1855; Lois et décrets relatifs au département; Concours pour l'érection de la cathédrale de Lille, par Charles Lavergne, 1856; le Palais de Rihoux, par Brun Lavainne; Guide des étrangers à Lille, en tout vingt-six pièces.

122. — Cambrai. Lettre de convocation aux Etats généraux pour le Cambresis, 1789; Dénonciation du sieur de Cl..., habitant de Cambrai et de ses commettants, 1791; Codron, ancien maire de Cambrai, à la Convention, 1793; Ode à la ville de Cambrai sur l'inauguration du monument de Fénelon, par Miel, 1827, figures. — Douai, Remontrances du Parlement de Flandres, Douai, 1788; Extrait des registres de la commune de Douai, 1ᵉʳ décembre 1790; Adresse du département du Nord et de la commune de Douai, 20 juin 1793; Adresse de la Société populaire de Douai aux quarante-huit sections de Paris sur le 9 thermidor, 2 p. in-4. — Landrecies. Mémoire historique des événements qui ont précédé, accompagné et suivi le siége de Landrecies, an III; Capitulation de Landrecies; Rapport de Roger Ducos sur sa mission à Landrecies, an III; Rapports (3) de Laborde et Delacoste sur la reconstruction de Landrecies, an VI et an VII, en tout dix-sept pièces.

123. — Valenciennes. Les députés de Valenciennes à leurs commettants, 1789; les Electeurs de Valenciennes au roi, 1791; Discours à la Société des Amis de la Constitution de Valenciennes, par Perdry, 1791, et rapport du même, le jour de

la prestation de serment de la municipalité. — Siége de Valenciennes; A la Convention, les administrateurs du district de Valenciennes; Réfutation par les habitants de Valenciennes du rapport fait à la Convention sur le siége de cette place; Plaidoyer de Thellier, conseiller-pensionnaire de Valenciennes pendant le siége. — Rapports (2) de *Cochon*, *Briez*, *Prieur et Jean-Bon Saint-André* sur le siége de Valenciennes, an II; Précis historique du siége de Valenciennes, par un soldat du bataillon de la Charente, an II; Précis de la défense de Valenciennes en 1793, par le général Becays Ferrand, 1834; Relation du siége et du bombardement de Valenciennes, par Texier de La Pommeraye, 1839, carte. — Rapport de Dehaussy Robecourt sur les élections de Valenciennes, an V; Ducellier, commandant de Valenciennes, à ses concitoyens, an VI, en tout quinze pièces.

124. — Notices. Eloge de Jean-Bart, par Poirier, 1807; Histoire de Jean Bart, 1842, in-18; Panégyrique funèbre du maréchal de Rantzau; Eloge de Dupleix, par Le Fèvre, 1818; Oraison funèbre du duc de Feltre, par Beaupoil, 1818; Précis historique sur Eust. Deschamps, par Crapelet, 1832; Roland et ses ouvrages, par David d'Augers, 1847, portrait; Notices sur Masquelier, par Bottin; Sur Decamps; Sur Merlin de Douai, par Mignet, et son Eloge, par Mathieu; Sur les généraux Dugua et Despinoy; Sur Des Quersonnières, Milhomme, Desruelles et Devinck-Thierry; Etude sur Comines, par Materne; Notice biographique sur Mlle Duchesnois, par *Arthur Dinaux*, *Valenciennes* 1836, 67 p. in-8, en tout dix-neuf pièces.

125 **OISE.** Cahier de l'ordre de la noblesse de Beauvais, 1789, 28 p. in-4; Lettre de convocation aux Etats généraux pour les trois évêchés et le Clermontois, 1789; Relation de l'horrible événement arrivé à Senlis, 1789; Grand détail du pillage et dévastation du château de Chantilly par une troupe de brigands, 1789; Procès-verbal de la visite faite à Chantilly; Nouvelles découvertes à Chantilly; Avis aux patriotes (par les Jacobins de Chantilly), 1790; A Messieurs les députés du Comité ecclésiastique, par les habitants de Saint-Germain; Adresse des électeurs de l'Oise à l'Assemblée nationale; Adresse de la garde nationale de Beauvais, 1792; Lettre de Merlin et Jean Debry, commissaires dans le département de l'Oise, 31 août 1792; Au conseil exécutif de la République, par Gaultier, commandant des canonniers de Saint-Germain-en-Laye, 1792. — Députés. Rapports, opinions, discours et divers écrits polémiques de *Gouy-d'Arcy*, *Liancourt*, *Ch. Vilette*, *Lucy*, *Coupé*, *Bourdon*, *Massieu*, *Goujon*, *Portiez*, *Isoré*, *Danjou*, *Bezard* et *Mathieu*. — Lois relatives au département; Voyage dans le département, par Lavallée, 1792; Description du château de Compiègne, 1829; Précis statistique sur Chaumont, 1827. — Notices. Eloges de Beaumé, par Cadet, 1805; Du cardinal de Belloy, par Siret, 1808; De la comtesse de Choiseul-Daillecourt, 1818; Mémoire sur la vie de Mesenguy, 1763; Vies de Saint-Frambouse et de Mlle de Francheville; Histoire de Saint-Louis des Français, fondé à Madrid par Henri de Boureulx, né près de Noyon, 1854, 240 p.; Jean Calvin, par Marron, 12 p.; Histoire du sourd-muet Benjamin (lithographié); No-

tices sur Demoustier, par Lamandé ; Sur Henry, par Silvestre, et sur Bulard, 1848, en tout soixante-dix-sept pièces.

126. **ORNE.** Cahier de la noblesse d'Alençon, 1789 ; Je ne m'y attendais pas, ou réponse à M. Le Fessier, 1791 ; Adresse à l'Assemblée nationale, par la ville de Sées, 1791 ; A la Société des Jacobins de Paris, par Ledoyen, 1793 ; Arrêté de Deydier, an II ; Précis pour Desperrais, de Neuilly ; Certificat de la commune de Carouge-la-Montagne en faveur de Jacob Gérard, député suppléant à la Convention, an II ; Rapport de Sonthonax sur la pétition de la commune d'Ecouché, an VI. — Députés. *Valazé* (Dufriche). Lois pénales, Paris 1802, 1 vol. in-8 ; Rapports sur les crimes du ci-devant roi et sur les assemblées primaires ; Opinion sur le jugement de Louis Capet ; Sa défense devant le tribunal révolutionnaire, an III : Rapports, opinions, discours, etc., de *Fourmy*, *Goupil-Préfeln*, *Duqué d'Assé*, *Desprez*, *Renault*, *Desnos*, *Leroy* et *Bertrand l'Hosdinière*. Voyage dans le département, par Lavallée, 1793. — Notices. Éloge de Desgenettes, par Pariset, 1838 ; Notices sur Valazé, par L. Dubois, 1802 ; Sur Berthereau Puisaye, 1827 ; Sur Hersan, par Le Boucher, 1810 ; Sur Conté, Brard, Bonvoust et Clogenson, en tout trente-sept pièces.

127. **PAS-DE-CALAIS.** Procès-verbal du trouble et des violences faites à Mgr l'évêque de Boulogne, 1720 ; Discours de M. Dauphin d'Halingben, à l'ouverture de la Sénéchaussée du Boulonois, 1783 ; Expérience intéressante de Blanchard (31e ascension), 1788 ; Lettre d'un habitant de Boulogne-sur-Mer au comte de la Touche, 1789 ; Rapport de MM. Coppens et Dubois sur l'affaire du régiment de Royal-Champagne ; Encore du despotisme, par Muscard, 1790 ; Instruction pastorale de l'évêque de Boulogne, 1791 ; Adresse à la Convention par les Amis de la Constitution d'Arras, 1793 ; la Commune d'Arras à la Convention, an II ; Copie d'une lettre de Roland à la commune d'Arras, 1793 ; Procès-verbal de la Société républicaine d'Arras, an II ; Situation politique de Saint-Omer, an II ; Delelis à la Convention sur les malheurs de Béthune, an III ; les Pères de famille soussignés au Corps législatif, à Reims, an V ; Lois et décrets relatifs au département. — Députés. *Guffroy*. Le Toscin, Sur la permanence de la garde nationale, 1789 : le Franc en vedette, 1790 ; Discours sur le jugement de Louis XVI ; Opinions sur l'abolition de la peine de mort ; Réponse de Duquesnoy aux dénonciations de Guffroy, an III, etc. — Rapports, opinions et autres écrits de *Poultier*, *Enlart*, *Personne*, *Daunou*, *Parent-Réal* et *Crachet*. — Le Cri de la raison, par Dom Devienne, 1790 ; De l'homme, par F. Soulès, 1792 ; Discours sur les crimes du gouvernement anglais, par Audibert. — Essai sur les archives historiques de Notre-Dame-de-Saint-Omer, 1844, en tout quarante-huit pièces.

128. — Notices. Relation très-intéressante concernant le serviteur de Dieu, Benoît-Joseph Labre, Avignon 1783 ; Prémices de dévotion envers le vénérable B. J. Labre, Rome 1783 ; Abrégé de la vie du serviteur de Dieu, B J. Labre, par Alegiani, Rome 1784, in-12, portrait ; Essai sur la vie et les ouvrages de Prévost, 1810 ; Tableau de la vie de Roussel-Bouret, 1810,

Documents biographiques sur Daunou, par Taillandier, 1841. — Notices sur Daunou, par Villenave et Mignet, sur Palisot de Beauvois et sur Allent, en tout onze pièces.

129. **PUY-DE-DOME.** Edits du roi portant réunion des deux villes de Clermont et de Montferrand, 1731, 14 p. in-4; Arrêt de la Cour des grands jours, 9 janvier 1666, 12 p. in-4; Taxe des droits des greffiers de l'ordinaire, 1717, 35 p.; Délibéré du chapitre provincial du Grand Prieuré d'Auvergne, 1777; Mémoire pour Marie-Thérèse de Lantilhac, abbesse de Saint-Pierre-de-Beaumont les-Clermont, 1764; Règlement pour la convocation des Etats généraux, province d'Auvergne, 1789; Instructions pour les députés du Tiers-Etat, proposées par les députés de la ville de Riom; Victoire des Auvergnats sur les aristocrates, 12 août 1789; Procès-verbal de la Société des Amis de la Constitution de Clermont, 1790, 10 p. in-4; Pierre Hebrard à F. Colinet dit Niossel, Riom an III, 8 p. in-4; Pétition à l'Assemblée nationale, par les citoyens libres de Clermont, 1791, 2 p. in-4; Pétition à l'Assemblée nationale par A. M. Dijon, 1791, 12 p. in-8; Adresse du comité de la garde nationale de Clermont à leurs camarades et frères, avec la signature autographe de *Chazot*, *Bourdelier* et *Mabra*, 1791, 4 p. in-4; Brugoous, Milhaud, Carral, Valette, Rouquier et Mirande, au représentant Penières (an III), 7 p. in-4; Circulaire du comité révolutionnaire de Clermont, an III, 2 p. in-4, etc. — Députés. *Couthon*: Opinion sur le jugement de Louis Capet (édition officielle et édition des Jacobins); Adresse de M. Ant. Julien à la Convention (sur l'immortalité de l'âme), et discours de Couthon, an II; Rapports, opinions et autres écrits de *Malouet*, *Maignet*, *Bancal*, *Girot* et *Grenier*. — Voyage dans le département, par Lavallée; Voyage agronomique en Auvergne, par Depradt, 1803, en tout trente-six pièces.

130. — Notices. *Pascal* (Blaise). Son éloge, par Quesné, 1813; par Monier, 1822; par P. Faugère, 1842; Recherches sur la maison où Pascal est né, par Gonod, 1847; Fait inédit de la vie de Pascal, par Collet, 1848; Desaix (le général); Discours de Fourier, prononcé au Caire, dans la cérémonie funéraire de Desaix; Discours de Mongez et Jard Panvillier, prononcés le jour de la fête funèbre de Desaix, an VIII; Eloge de Kléber et Desaix, par Garat; Précis de la vie de Desaix, par S. Despréaux, 1810, avec une lettre d'envoi, signée de l'auteur, et une figure; Notices sur Dulaure, par Taillandier, 1836; Extrait des mémoires inédits de Dulaure, 1838; Notices sur Thomas, de l'Académie, par Villenave, 1820, et par Saint-Surin, 1823, port.; Mémoire apologétique de P. Brugière, curé de Saint-Paul, 1804, port.; Eloge de J. Delille, par La Cretelle, 1854; Notices sur Chamfort, sur Armand de Mangin et sur Bancal. — Eloges de Michel l'Hospital, par Guibert, et de B. Gonod, par Bedel; Abrégé de la vie d'Antoine Monnatte, écrit par lui-même, 1790; Confession du comte d'Estaing, ou essai sur son origine et sa vie privée, 1789; Mémoires sur la vie de Lemaire de Clermont, 1825 Notice sur Onslow, 1833, en tout vingt sept pièces.

131. **PYRÉNÉES** (Hautes). Extrait du registre du Parlement de Navarre, 1788; Adresse au roi de plusieurs habitants de

Tarbes, 1788; les Administrateurs des Hautes-Pyrénées au conseil des Anciens, an VII. — *Députés. Barère, Dupont, Picqué, Gertoux, Peré, Féraud* et *Moreau*; Rapports, opinions sur le jugement de Louis XVI et autres écrits. — Voyage dans le département, par Lavallée; les Hautes-Pyrénées en miniature, épître à Dussaulx, par Mérard-Saint-Just, 1790; Almanach des Hautes-Pyrénées pour 1792. — *Notices*. Discours sur la tombe du général Dabadie, par Mauger; Vie intime de Félix Clavé, 1841; Biographie du général Villemur, par Ad. de Villemur, 1836; Notice sur Larrey par Gasté, 1843; Notice sur Jacques Laffite, par Loménie, 1844, en tout vingt-six pièces.

132. **PYRÉNÉES** (Basses). Extrait du brevet des États généraux du Béarn, 1789; Procès-verbaux de l'Assemblée électorale des Basses-Pyrénées, an VII. — Discours et autres écrits de *Meillan, Garat, Casenave, Pemartin* etc. — Voyage dans le département, par Lavallée; Essai historique et militaire sur le Roussillon, par D. L. G..., 1787. — Éloge et portrait d'Henri IV; Tableau de la vie du général Lasalle; Éloge de Dufresne; Dernières conversations du roi Charles Jean, par Stürmer, 1844; Notices sur Barrère, par Carnot sur Garat, Basterrèche, Saint-Sernin et Bernard Dubourdieu, en tout vingt-six pièces.

133. **PYRÉNÉES-ORIENTALES.** Réclamation des gentilshommes du Roussillon, 1788; Lettres et discours des officiers municipaux à l'Assemblée nationale; Rapport de Muguet sur les événements arrivés le 5 décembre (1790) à Perpignan; Discours de l'abbé Chambon, député des Amis de la Constitutitution de Perpignan au club des Jacobins de Paris; Lettre des régiments de Tourraine et Vermandois, formant la garnison de Perpignan, au régiment de Vivarais; Deux proclamations du département, 1790, 7 p. in-4; Lois relatives au département; Rapports (4) de Baudot, Aubry, Cassanyes et Espert sur leurs missions à Toulouse et à l'armée des Pyrénées-Orientales, an II. — Députés. Discours, opinions et écrits polémiques de *Birotteau, Cassanyes, Guiter* et *Izos*. — Voyage dans le département, par Lavallée, an VII. — Funérailles de F. Arago; Discours de Flourens, en tout trente-trois pièces.

134. **RHIN** (Haut). Lettre de convocation aux États généraux pour l'Alsace; Adresse de la ville de Neuf-Brisach à l'Assemblée nationale, par Zaiguelius, 1789; Dire et opinion de l'abbé d'Eymar sur l'adresse des protestants des villes mixtes d'Alsace, 1789; Réponse de la garde nationale de Colmar au libelle intitulé: *Réception de l'ancien maire de Schlestadt*, etc., 1790; Rapports de Salle et de Phelines sur les événements de Colmar, 1791; Deux lois sur les troubles du département, 1791; Convention entre le roi et la république de Mulhausen, 1791; Projet d'articles additionnels à ladite Convention, 1792; Adresse du grand-bailliage de Berg-Zabern et de la Société républicaine de Landau, à la Convention, 1792; Rapport de Hérault-Sechelles sur sa mission dans le Haut-Rhin, 1793; le Conseil général de la commune d'Andolsheim à la Convention, etc., an II. — Députés. *Reubel*, Rapports, opinions et discours à la Convention et au conseil des Cinq-

Cents; Instruction, proclamation et messages du Directoire. Du Pain, M. Rewbell; Trente-six chandelles, ou les comptes rendus de Rewbell et Merlin; la Marmitte, la pelle et la pincette du Directoire enlevées par Rewbell; Testament de Rewbell, etc. — Rapports de *Kauffmann*, *Rossée* et *Johannot*. — *Scherer*, Précis des opérations militaires de l'armée d'Italie, an VII; Mémoire au ministre de la justice sur les accusations portées contre Scherer, par Théophile Mandar; les Crimes de Scherer; le Voile déchiré ou défense de Scherer; Interrogatoire de Scherer, etc. — Voyage dans le département, par Lavallée, 1702; Réponse à l'accusation dirigée au nom de quelques fonctionnaires publics du Haut-Rhin contre Kœchlin au sujet des événements qui ont précédé l'arrestation du lieutenant-colonel Caron, *Paris* 1823, 66 p. in-4, en tout quarante-six pièces.

135. — Béfort. Rapports de Briche et Muguet de Nanthou sur les événements de Béfort, 1790; Lettre au roi et exposé de la conduite de MM. de la Tour et de Grünstein dans ces événements; Lettres sur l'affaire de Béfort, etc. — Huningue. Dénonciation contre le comte de Buffévent et autres aristocrates d'Huningue, faussetés de l'aristocratie d'Huningue par Delarue, curé, député de la ville, 1790; Adresse à l'Assemblée nationale pour la dame Bargum et le sieur Schwartz, détenus à Huningue, 1791, en tout huit pièces.

136. — Notices. Discours funèbre en commémoration du comte Rapp, 1822; à la Mémoire du général Berckheim, 1812, et Discours à ses funérailles, 1819; Discours à l'occasion de l'installation du buste de Th. C. Pfeffel, 1841; Eloge de Lorenz, an IX; Notices sur le maréchal Lefèvre et de Golbéri; Rapport sur la lithographie, par Engelmann; Notice sur M. Chapuis, maire de Colmar, 1854, en tout neuf pièces.

137. **RHIN** (Bas). Relations de ce qui s'est passé à Strasbourg les 20 et 21 juillet 1789; Révolutions d'Alsace (1789); Lettres de plusieurs députés d'Alsace à leurs commettants, 1789; Précis de ce qui s'est passé à l'élection du maire de Strasbourg (Dietrich); Adresse de la commune tout entière de Strasbourg à l'Assemblée nationale (1790); Mémoire pour la municipalité d'Haguenau, 1790; Observations des députés d'Haguenau; Dernier cri de la commune d'Haguenau; à mes Amis de tous les cultes, par Rumpler (1791); Réclamations de M. Du Coetlosquet sur la forme de procédure en la cour martiale de Strasbourg, 1791; Arrêté de la ville de Strasbourg portant sommation au ci-devant prince de Condé de rentrer en France, 1791; Discours prononcés à la société des Jacobins de Strasbourg, par l'évêque, par Laveaux sur Mirabeau, par J. F. Georget, sur les quatre soldats du régiment de Bretagne, etc.; les Amis de la constitution du Bas-Rhin aux sociétés correspondantes et aux cultivateurs, 1791; Rapport de Tardiveau sur les lettres aux administrateurs de Cherbourg, 1792; Discours de G. Noisette et Champy à l'Assemblée nationale en faveur de Dietrich, 1792; Pièces diverses envoyées à M. Rulh, par les administrateurs de Cherbourg, 1792; Acte d'accusation contre Dietrich, 1792; Corsets sont écus sonnants, par L. Wilheim, 1792; Discours prononcé à la Convention par les députés des douze sections de Strasbourg,

1793; Précis sur la situation de Strasbourg, par Manberger, Schweighæuser, etc., 1793; Pétition des douze sections de Strasbourg, 1793; Escroquerie administrative du Mairillon provisoire Monet, par Vigne, an III; Compte rendu de Ruamps, Borie, Milhaud, etc., représentants près l'armée du Rhin, de leurs travaux, du 27 juillet 1793 au 29 brumaire, an II, 314 p.; Discours du représentant Bailly dans l'assemblée des sections de Strasbourg, an III; Adresse de la commune de Strasbourg à la Convention, an III; Précis des opérations des armées du Rhin et du Jura en 1815, en tout trente-cinq pièces.

/ 138. — Députés. Rapports, opinions et discours à l'Assemblée constituante, à la Convention et aux Jacobins, par *Koch*, *Simon*, *Dentzel*, *Hermann*, *Bentabole Christiani*. — Voyage dans le département, par Lavallée, 1792; Strasbourg et l'Alsace, par Kentzinger, 1824; Description de Strasbourg, par Fargès Méricourt, 1825, 1 vol. in-12, cart., fig., en tout dix-huit pièces.

/ 139. — Notices. Eloge de J. Schweighæuser, par Cuvier, 1830; Vie de Ch. Guil. Koch, par Schweighæuser; Eloge d'Oberlin, par Stœber, 1807; Discours prononcé au convoi funèbre de R. Brunck, par un de ses amis; Discours à l'occasion du décès de J. Franck; Notices sur Andrieux, par Berville et par Villenave, sur Matter, sur Gras-Preville, sur Schneider et Humann; Eloge de Lamanon, par Ponce. — *Kellermann*, Exposé de sa conduite de 1790 à 1793; Réponse aux chefs d'accusation portés contre lui, 1793, à Robespierre le jeune, Salut, etc., an II; Fêtes données à Kellermann au nom des habitants de Strasbourg, an XIII; Fête funèbre en l'honneur de Kellermann, célébrée par la loge écossaise de la grande Commanderie; Fragments historiques sur le maréchal Kellermann, par Salve, 1807; Esquisse de sa carrière militaire, par de Botidoux, 1817; Notices sur Coulmann et le baron Duperreux, en tout vingt-quatre pièces.

// 140. **SAONE** (Haute). Procès-verbal de ce qui s'est passé au bailliage de Gray, le 2 juin 1788, 3 p. in-8; Extrait des délibérations de l'Hôtel-de-Ville de Gray, 18 novembre 1788, 14 p.; Crime affreux commis au château de Quincé, 1789, 8 p.; Complot infernal exécuté à Quincé, 8 p. in-8; Lettre de M. Boillon aux officiers municipaux de Colombier, 1794, 20 p. in-12; Rapport de Siblot et Michaud, sur leur mission dans la Haute-Saône et le Doubs, an III, trois pièces; Pétition de L. Huguenin à la Convention, an III, 7 p.; Procès-verbaux de l'assemblée électorale de la Haute-Saône, et Adresse de l'administration centrale relativement aux élections, an VII, treize pièces. — Députés. Opinions, rapports, considérations, discours et autres écrits, de *Bureaux de Puzy*, *Crestin Muguet de Nanthou*, *Larmagnac*, *Dornier*, *Dubuisson* et *Gourdan*, douze pièces; Voyage dans le département, par Lavallée, 1792, in-8, fig.; Notice sur l'ancienne seigneurie d'Héricourt, par de Montbéliard, 1838; Deux annuaires de la Haute-Saône, 1827 à 1829. — Notices. Notice sur Toulongeon, Eloges de Bonnier et Roberjot, par Bottin; Eloge funèbre de Demandre; Histoire du baron Percy, par Laurent, 1827, 1 vol. et deux notices sur le même, par Silvestre, en tout quarante-cinq pièces.

141. **SAONE-ET-LOIRE.** Mémoire pour Jean Janot, marchand à Tournus, 1774; Protestations du marquis de Digoine, du Parlement et de la noblesse de Bourgogne, 1788; Lettre d'un gentilhomme de Bourgogne à la noblesse de cette province, 1789; Mémoire pour la ville de Montcenis; Paris, tel qu'il est, ou Lettre d'un laboureur bourguignon; Opinion d'un gentilhomme de Bourgogne (Fontette-Sommery), sur ce qui s'est passé à l'assemblée de la noblesse de Berri, 1789; Description exacte des nouvelles arrivées de Mâcon du 28 et 31 juillet 1789; Désastres du Mâconnais, par Puthod de Maison-Rouge en 1789; Ravages du Mâconnais occasionnés par une troupe de brigands, 1789; Protestation du comte de Reuilly contre toutes les opérations de l'assemblée se disant nationale, 1789; Délibération du chapitre d'Autun, 1790; Réponse des curés de Saône-et-Loire à l'évêque d'Autun; Prémices aux patriotes, par leur ami opprimé et déchiré par l'aristocratie (Carion), 1791; aux Députés de la Convention, par le même, 1793; Réponse au précis pour la ville de Mâcon, par Lafouge, 1790; Sur le placement des tribunaux criminels, par Petiot, 1791; Adresse de la société des Amis de la constitution d'Autun, 1791; Projet de décret sur le mémoire de P. S. de Roche pour l'établissement d'une manufacture d'armes à Autun, 1793; Discours prononcé aux Jacobins à Paris, par Royer, 1793; la Société populaire de Bel-Air sur Arroux à toutes les sociétés de la République, an II; Compte rendu de Noël Pointe sur les fonderies du Creusot, de Pont-de-Vaux, etc., an III; Discours d'un membre de la société populaire de Charolles (sur les mouvements de l'aristocratie, an II); Rapport de Beauchamp sur la pétition de Ch. Ant. Gontaut, an III; Lettre de Masuyer aux cantons de Louhans, Cuiseaux et Bellevestre, an III; Arrêtés du Directoire du district de Mâcon; Lois et décrets relatifs au département; Adresse des administrateurs d'Autun à leurs concitoyens, an III; Discours du président de la municipalité de Mâcon, à la fête du 10 août an V; Mémoire pour l'établissement d'un tribunal de commerce à Paray, par Brigaud, an VI; Bigonnet aux citoyens de Mâcon, an VI; Rapports de Geoffroy et de Larmagnac sur l'établissement d'un pont à Tournus, an VI; Procès-verbaux de l'assemblée électorale de Saône-et-Loire, an VII; Rapport de Dufour sur la maison des ci-devant Carmes à Châlons, an VII; l'Administration de Saône-et-Loire; les Citoyens de Mâcon et des républicains d'Autun aux deux conseils; Lettre du presbytère de Saône-et-Loire aux pasteurs et aux fidèles du diocèse, etc., 1801, en tout cinquante-cinq pièces.

142. — DÉPUTÉS. Rapports, opinions, motions et autres écrits de *Moreau*, *Baudot*, *Gelin*, *Millard*, *Bertucat*, *Guillemardet*, *Guillermin*, *Montgilbert*, *Mazuyer*, *Roberjot* et *Moyne*. — Pastorales, par Fèvre (du Grand-Vaux), an VIII; Voyage dans le département, par Lavallée, 1793; Annuaire de Saône-et-Loire pour 1841, etc. — Notices. Testament singulier de M. Commerson, 1774; Vie privée de Mad. de Sillery avec son portrait ajouté et celui du duc d'Orléans, 8 p. in-8; Notices sur Greuze, par Lecarpentier; Sur Prudhon, portr.; Sur Tupinier, par Mazerès; Sur Tripier, avec son Eloge, par Gosseaux, en tout trente pièces.

143. **SARTHE.** Massacre occasionné au Mans, par le retour des

députés ; Mort du maréchal de Mailly, juillet 1789, 8 p. in-8; Proclamation des commissaires de la Convention aux gardes nationaux du Mans, 7 décembre 1792, 4 p. in-4 ; Proclamation de Garnier de Saintes aux habitants du château du Loir, an II, placard in-fol. ; Lettre de Moulé La Raitrie, relative au traité des représentants avec Charette, an III, 4 p. in-4, six pièces. — Députés. *Philippeaux*, Discours, projet de décret, motion d'ordre, opinions, trois comptes rendus à la Convention sur sa mission dans la Vendée ; Mémoire posthume sur la Vendée, son opinion dans le procès de Louis XVI ; Daubigny à Philippeaux ; Ma première et dernière réponse à Philippeaux, par Levasseur de la Sarthe, onze pièces; Rapport, opinion et autres de *Saimon*, *Bardou-Boisquetin*, *Piette*, *Grenier*, *Gorsas*, *Livré*; Rapport de Garnier, de Saintes et de Mathieu, sur leur mission dans le Mans, an II; véritable Histoire de la flagellation de Poncelin, avec le fameux interrogatoire qu'un des frères fouetteurs a subi devant le juge de paix (an VI), 8 p. in-8, *rare*; Le Mans ancien et moderne, 1830, 1 vol. in-18; Statistique de la Sarthe, par Auvray, an X, 1 vol. in-8 ; Voyage dans le département, par Lavallée, 1793, in-8, fig. — *Notices*. Vie du père Mersenne, par Hilarion de Coste, Paris 1649, 119 p. in-8 ; Notice sur Levasseur de la Sarthe, in-8, avec portr. ; Trait de barbarie reproché à Levasseur, 6 p. in-4; Levasseur à ses concitoyens, an II, 3 p. in-4; Vie de M. Ragot, curé au Mans, 94 p. in-12, un peu fatigué; Éloge et vie littéraire de Veron de Forbonnais, en tout quarante-neuf pièces.

144. **SEINE-ET-MARNE.** Récit d'un fourbe calabrais, exécuté à Fontainebleau en 1629, 4 p. in-4; Cahier de la noblesse de Nemours, 16 mars 1789, 34 p. in-8; Cahier du clergé de Melun et Moret, 1789, 28 p. in-8; Lettre à M. Duchesne, curé de Saint-Nicolas de Meaux, 1789, 8 p.; Délibération de la Commune, comte Robert, 1789, 7 p.; Mémoire à l'Assemblée, par les représentants de la Commune de Fontainebleau, 1790, 3 p. in-4 ; Tableau du département de Seine-et-Marne et des cinq districts qui en dépendent, 1790, 68 p.; la Table d'hôte à Provins ou la Croisée des diligences, dialogue politico-tragi-comique, 1792, 44 p.; Pétition de Champdeuil à l'Assemblée nationale 1792, 6 p.; Dulac au Corps législatif, 1792, 3 p. in-8 ; Discours de Th. Giot, patriote jacobin, électeur de Melun, 1792, 23 p.; Adresse des sections de Seine-et-Marne à la Convention, 1793, 13 p.; Copie de la pétition de la Société populaire de Fontainebleau à la Convention, 1793, 3 p.; les Jacobins de Fontainebleau à la Convention, 1793, 8 p.; Comptes rendus à la Convention, par Dubouchet, sur sa mission dans Seine-et-Marne, an II, trois pièces; la Société populaire de Melun au comité de salut public, an II, 21 p. in-4; Réponse du général Cordelier, à un libelle relatif aux élections de Seine-et-Marne, an VI, 11 p. in-4 ; Adresse de Bataillard à l'assemblée électorale de Seine-et-Marne (an VI), 4 p. in-4, etc., vingt-sept pièces. — Députés. Rapports, opinions, discours et autres pièces de *Bailly*, *Corenfustier*, *Humbert*, *Defrance*, *Jaucourt*, *Sedillez*, *Vaublanc*, *Dupont* de Nemours, trente-six pièces; Statistique de Mareuil-les-Meaux, par Dujay, 1834; Voyage de Lavallée dans le département, 1798, fig. — *Notices*. Discours funèbre du ci-

toyen Maciest, prononcé par Brias, 1793, 8 p.; Notice sur Samuel Dupont, par Silvestre; Notice sur Durand, menuisier, par Clovis Michaud; Notice sur A. Barbier, en tout soixante-neuf pièces.

145. **SEINE-ET-OISE.** VERSAILLES. Sur la Convention et l'ouverture des Etats généraux, quatre pièces; Anecdote de deux grenadiers aux gardes françaises, 1er juillet 1789, 7 p.; Découverte importante des assemblées ténébreuses et clandestines tenues à Versailles par le parti aristocratique en janvier, 1790, H. P.; l'Enfant de plusieurs pères, problème civique (pamphlet contre Laurent Lecointre) 1790, 14 p.; Arrestation injuste d'un bon citoyen (de Canolle), 1790, 27 p.; Extrait du procès-verbal de l'assemblée des citoyens actifs de Versailles, 3 avril 1790, 17 p. in-4. Deux adresses de la société des Amis de la Constitution de Versailles 1790 à 1791; Grand détail de la justice du peuple exercée à Versailles sur les aristocrates et contre-révolutionnaires, prisonniers d'Orléans, par Hébert, 8 p. in-8; Liste de tous les prisonniers traîtres à leur patrie, conspirateurs détenus dans les prisons d'Orléans et jugés en dernier ressort par le peuple souverain à Versailles, 7 p.; Rapport à la Convention par Marchand et Clémence, envoyés par les comités dans l'Oise et Seine-et-Oise, an II, placard in-fol.; Proclamation d'Isoré aux Sans Culottes de Seine-et-Oise, an II, 4 p.; Duchesne, dit Duquesne à Crassous, représentant en commission à Versailles, an II, 8 p.; Crassous aux habitants des campagnes, Versailles, an II, 8 p. in-4; André Dumont aux citoyens de Seine et-Oise, an III, 4 p. in-4; Recueil de pièces choisies, mandements, ordonnances et instructions pastorales concernant le clergé et les fidèles de Seine-et-Oise, an III, 32 p. in-8; Rapport de Dubois et Guyerot Boismenu sur les élections de Seine-et-Oise, ans VI et VII; Echo du cercle constitutionnel de Versailles (an VII), 4 p. in-4; Délibérations, arrêtés, adresses, etc., de l'administration départementale de Seine-et-Oise, de 1790 à l'an VI, vingt-six pièces in-4 et in-8; Décrets de la Convention relatifs au département, etc., quinze pièces; la Bibliothèque nationale de Versailles, par Lemoine, poëme, an VIII, 32 p.; Voyage dans le département, par Lavallée, in-8, fig., en tout cinquante-six pièces.

146. — COMMUNES DIVERSES. Très-humbles remerciments des habitants de Sarcelles au roi, 1733; Harangue des habitants de Sarcelles et voyage de Groslé, ou la surprise des habitants de Sarcelles, 1733-40, trois pièces; l'Abus des milices bourgeoises inorganisées prouvé par les violences commises au Pecq, ou mémoire à consulter pour le sieur Hervieu, 1789, 47 p.; le Cri d'un citoyen sexagénaire traîné dans les prisons, signé par les habitants de Ris, 8 p.; Déclaration des habitants de Ris, 6 p.; Dénonciation à l'Assemblée nationale par les officiers de la garde nationale de Ris, 35 p.; Adresse du maire de Taverny aux habitants de la campagne sur le fanatisme et la superstition, 1791, 19 p.; Discours de Rotrou, prêtre, juge de paix du canton, à la Société des Amis de la Constitution de Verneuil, 1791, 12 p.; Précis de l'affaire de Presles, district de Pontoise, an II, 15 p.; Observations sur la pétition de la section révolutionnaire en faveur du citoyen Viard de Dourdan, an II, 23 p.; Exposition par

ordre chronologique des titres des habitants de Saint-Germain-en-Laye concernant les tailles, 1747, 14 p. in-4; Mémoire des habitants de Saint-Germain à l'Assemblée nationale, 1790, 12 p. in-4; Installation des juges du tribunal de Saint-Germain, 1790, 42 p.; Pétition des républicains de Saint-Germain-en-Laye, présentée à la Société des Amis de la Constitution, par Gaultier (1792), 7 p., an IV; Discours prononcé par MM. Mathé, Boucry de Saint-Venant, Galt et Guéroult, apôtres de la liberté, à la Société des Amis de la Constitution de Saint-Germain-en-Laye, 1791, 7 p. in-8; Aux citoyens composant le Directoire de Seine-et-Oise, par Delalande, ci-devant jardinier de Louis XVI (1792), 7 p. in-4, etc., sept pièces; Vingt et une pièces relatives aux communes *d'Argenteuil*, *Satory*, *Mantes*, *Milly*, *Meulan*, *Montmorency*, *Jagny*, *Mauchamps* (district d'Etampes), *Rosay*, *Gonesse*, etc., trente-neuf pièces; en tout soixante-neuf pièces.

147. — DÉPUTÉS. *Lally Tollendal*, *Girardin* (René), *Dumas*, *Bailleuil*, *Challan*, *Haussmann*, *Soret*, *Gastrez*, *Roy*, *Audouin*, *Mercier*, *Tenon*, *Musset*, *Delacroix*, *Germain*, *Chenier* (M. J.), *Treilhard*, *Tallien*, *Kersaint*, *Tronson Ducoudray*, *Gillet*, *Goujon*, *Ginguené*, *Dupuis*, *Pillault*, *Richaud*, *Tronchet*: Motions, discours, rapports, opinions et divers écrits politiques, quatre-vingt-trois pièces, réunion intéressante.

148. — GORSAS, conventionnel. Extrait du Courrier de Versailles, 1789, 20 p. in-8; Epître à M. Gorsas, 8 p. in-8; la Grande colère de l'honnête homme Gorsas, 8 p.; Justes réclamations et très-grande et ridicule colère du patriote Gorsas, 7 p.; Réponse aux questions du sieur Gorsas, 11 p.; Réponds-moi, Gorsas, l'honnête homme, 7 p.; Précis des événements des 30 et 31 mai, 1er et 2 juin 1793, 47 p.

149. — LECOINTRE (Laurent), conventionnel. Lettres au maire de Versailles, à Lafayette et à l'Assemblée nationale, 1790, trois pièces; Opinion sur le jugement de Louis XVI; Pétition à la Convention, 1793; 32 p. in-8; Discours relatifs à la rentrée des députés mis hors la loi, an III, 8 p.; les Crimes des sept membres des comités du gouvernement, an III, 1 vol. in-8, sig.; Lecointre au Conseil des Cinq-Cents, an V, 22 p.; la Grande queue de Laurent Lecointre, par Mehée, 22 p., en tout neuf pièces et un volume, br.

150. — HOCHE (Lazare), général en chef. Encore la Vendée, première lettre au général Hoche, par Vial, an IV, 20 p. in-8; Rapport de Jean Debry sur la cérémonie funèbre de Hoche, 5 vendémiaire an VI, 8 p. in-8; Discours sur la mort du général Hoche, par le général Jourdan, 15 p. in-8; Procès-verbal de la cérémonie funèbre qui a eu lieu au Champ-de-Mars en mémoire de Hoche, le 10 vendémiaire an VI, 23 p. in-8; Ordre de la marche de la cérémonie funèbre de Hoche, 8 p. in-8; Procès-verbal de la pompe funèbre célébrée à Bruxelles à l'occasion de la mort de Hoche, le 30 vendémiaire an VI, 38 p. in-8; Détails de la cérémonie funèbre qui a eu lieu à Mauriac (Cantal) en mémoire de Hoche, 26 p. in-8; Discours prononcé à Châlons le 30 vendémiaire, jour de la cérémonie funèbre en l'honneur de Hoche, 10 p. in-8; Eloge funèbre de

Hoche, prononcé dans le temple de Pithiviers, par Théophile Mandar, 16 p. in-8; Eloge de Hoche, prononcé à Bordeaux par Latapy, 15 p. in-8; Eloge de Hoche, prononcé par Dubroca dans le temple théo-philanthropique de Saint-Sulpice, 16 p. in-8; Eloge de Hoche, prononcé dans les différents temples des théo-philanthropes, par Chassant, 15 p. in-8; Notice historique sur la vie morale, politique et militaire du général Hoche, par Privat, son aide de camp, Metz an VI, 96 p. in-18; Modèle du guerrier républicain; Vie de Hoche, Berne 1799, in-8, 88 p., portrait; Vie de Lazare Hoche, par Alex. Rousselin, Paris an VI, 2 v. in-8, portrait, br., avec la motion de Rousseau pour faire décréter la distribution d'un exemplaire de cet ouvrage à chaque membre du Conseil des Cinq-Cents, en tout seize brochures ou volumes.

151. — Simonneau (Jacques-Guillaume), maire d'Etampes. Eloge funèbre, prononcé par Pouchin, an IV, 13 p. in-8; Détails de la cérémonie faite en son honneur; Hymne funèbre; Loi relative à Simonneau; Pétition de quarante citoyens des communes de Mauchamp, Saint-Sulpice-de-Favières, etc., relative à Simonneau, 1792, 20 p., en tout neuf pièces in-8 et in-4, br.

152. — Divers. Nogaret (Félix). Le Miroir des événements actuels ou la belle au plus offrant, 1790, 75 p. in-8; Harangue sur la liberté, 1790, 23 p. in-8; Ode à la nation, an VII, 8 p.; Observations sur la ci-devant maison du roi, par Seguret, 1792, 15 p.; Pétition à la Convention et au comité de salut public, par Alex. Berthier, 1793, deux pièces in-4. Mandar (Théophile), Deux pétitions à la Convention, an III, 15 p. in-4 et in-8; le Génie des siècles, an IV, 160 p. in-8; Mémoire au ministre de la justice sur les accusations portées contre Scherer, an VII, 80 p.; Philippique adressée au duc de Norfolk, 1798, 30 p. in-8, sig. par l'auteur; Adresse au roi de la Grande-Bretagne, an VII, 187 p. in-8, six pièces; Divers, trois pièces, en tout seize pièces.

153. — Notices. Discours prononcé lors de l'inhumation de Cels, 1806, 7 p.; Notice nécrologique sur Challan, 4 p.; Notice sur Charlier, prêtre, par Boucher, 16 p.; Biographie d'Auzou, Paris 1837, 11 p. in-4; Eloge nécrologique et notice historique de Mme d'Angivillier, 8 p. in-8; Deux oraisons funèbres du duc de Berry; Eloge historique de (L. J^h^) Leferon, premier commandant de la garde nationale de Compiègne, par Chabanon, 1791, 23 p. in-8; Notice biographique sur Paul-François Pihan Delaforest, par son fils, 31 p. in-8; Eloge de L. Cl. Marie Richard, de l'Institut, par Ch. Kunth, 23 p.; Discours funèbre sur l'abbé Sicard, 1823, 15 p.; Eloge historique de Gillet, 16 p.; Notice biographique sur le comte Gilbert De Voisins, par L. Langlois, 80 p.; Eloge funèbre du même, par Merilhou, 23 p. in-8; l'Abbé de l'Epée, sa vie, son apostolat, ses travaux, etc., par Ferd. Berthier, Paris 1852, 1 vol. in-8, portr., br.; Eloge et oraison funèbre du même, par Bazot et l'abbé Fauchet; Hommage à la mémoire de Creuzé Latouche, par Challan, an IX, 15 p. in-8; Notice sur A. G. J. Gautier, par Dupin aîné, 1829, 22 p.; Deux éloges funèbres de Emmanuel-Leclerc G^al^; Notice sur la vie et les ouvrages de M. J. Chénier, 1811, 27 p.; M. J. Chénier

et le prince des critiques, par Félix Pyat, 1844; la Vérité sur la famille de Chénier, par de Chénier, avocat, Paris 1844, 1 vol. in-12, rel., etc., vingt-six pièces et 1 vol. br.

154. **SEINE-INFÉRIEURE.** Abrégé de l'histoire de la ville de Rouen, *Rouen* 1759, 1 vol. in 12, br., titre doublé et mouillé; Relation de la fête brésilienne célébrée à Rouen en 1550, réimpression faite en 1849, in-8, fig., br.; Ordonnances faictes sur le faict des pauvres valides de ceste ville de Rouen, *Rouen* 1616, 26 p. in-12, dérel.; Apologie des Normands au roi, pour la justification de leurs armes, *Paris* 1649, 12 p. in-4; Recherches historiques sur les droits de la province de Normandie (1788), 36 p.; Cahier du clergé du bailliage de Rouen 1789, 32 p.; Procès-verbal de l'assemblée de la noblesse de Rouen, 1789, 56 p.; Révolutions de Rouen, 1789, 7 p.; Deux adresses au roi par les officiers municipaux de Rouen, 1789; Mémoire présenté aux maire et échevins de Rouen par le Tiers-Etat de cette ville, 1788, 20 p.; Réflexions d'un citoyen de Rouen (1789), 16 p.; Lettres et adresses de la municipalité, des électeurs, ou des membres de la Société des Amis de la Constitution de Rouen à l'Assemblée, à la Convention, etc., 1791-1792, quatorze pièces; les Citoyens de la paroisse de Gournay à l'Assemblée nationale, 1791; Grand empoisonnement d'un fiacre de Rouen, par M. Thouret, 1791, 4 p.; les Parents et alliés de Jean Bucaille et du nommé Bréard, assassinés dans la commune de Thionville (Seine-Inférieure) le 23 avril 1793, 4 p.; Mémoire justificatif en faveur des ex-membres des comités de salut public et de surveillance de Rouen, an III, 138 p. in-8; Opinion de Brémontier et adresses de diverses communes, concernant le département, six pièces; Allocution de J. F. Larcher de Gournay sur le rétablissement du culte; Décrets de la Convention relatifs au département, cinq pièces. Députés. Rapports, discours, pétitions, mémoires, etc., de *Grossin de Bouville*, *Brémontier*, *Bailleuil*, *Blutel*, *Lecouteux*, de Canteleu, *Charles*, *Tarbé*, *Pocholle*, *Thiessé*, *Bourgeois*, *Faure*, *Blutel*, *Thouret*, etc., quarante pièces; Dénonciation à la nation des décrets rendus contre *Frondeville*, 1790, 55 p.; Mémoire justificatif pour Guisier, prononcé dans le temple de la Raison à Rouen, an II, 27 p.; Honoré Riouffe, trois pièces; Voyage dans le département, par Lavallée, 1792, in-8, fig.; Historiettes Baguenaudières, par un Normand, 1845, 156 p. in-8, en tout soixante-douze pièces.

155. — Notices. Eloge de Thouret pour Mouard, 1806; Notice sur Riouffe; Eloge de Charles Gillet; Nécrologie de Gombaud Séréville; Notice sur Godescard; Notice sur Janville, par Lair; Eloge de Nicolas Lémery, par Cap; Notice sur Céleste Vien, par Coubard d'Aulnay; Notice sur Valmont de Bomare; Oraison funèbre de Marie de Saint-Basile, par l'abbé Le Blastier; Eloge de Ducrotay de Blainville, par Flourens, in-4; Eloge du cardinal d'Estouteville, par Jullien; Gericault, par L. Batissier; Notice sur le comte Mollien, par Barante; Notice sur le même, par Tisseron; Essai sur la vie Du Poussin, manque le titre; Eloge de Juste Bodin; Notice sur Bignon, par Ernouf; Boieldieu, par Wains Desfontaines; Funérailles d'Augustin Beaulieu; Notice sur Ducastel, par Guilbert; Eloge de Casimir Delavigne, par Leullier; Notice sur Dambray; No-

tice sur le général Duvivier, par Colleville; Notice sur Mme Duboccage, par Guilbert; Sur la vie, le jour de la naissance et l'inauguration de la statue de P. Corneille: Ses éloges, par Auger et Victorin Fabre; Anecdotes littéraires sur Corneille, par Viguier; Notice sur Guil. Stanislas Faure; Notice biographique sur Nell de Breauté, par l'abbé Cochet, in-8, portr., etc., en tout trente-trois pièces.

156. **DEUX-SÈVRES.** Rapport de Gallois et Gensonné sur leur mission dans la Vendée et les Deux-Sèvres, 1791; Compte rendu de Fayau de sa mission dans les Deux-Sèvres; la Société républicaine de Niort, aux Sociétés populaires; Lois relatives au département; Circulaires des administrateurs des Deux-Sèvres sur les fêtes du 14 juillet et du 21 janvier, an VI; Rapport de Hannecart sur la pétition de la municipalité de Beauvoir, an VI. — Députés. Rapports, opinions et discours de Lecointe-Puyraveau, Duchastel et Jard-Panvillier, sur le procès de Louis XVI, etc. — Dissertation sur l'existence des dragons, par Dorfeuille, Saint-Maixent, an VII; Bonaparte et Fontanes, 1821. — Voyage dans le département, par Lavallée. — Notices. Eloge de Cochon Duvivier, par Clemot; François Gerard, par Lenormant; le Maréchal de La Meilleraye, par de La Fontenelle de Vaudoré, 1839, en tout vingt-quatre pièces.

157. **SOMME.** Sommaire pour l'évêque de Noyon contre le marquis de Folleville, seigneur de Mancourt, 1758, 8 p. in-4; Cahier de la noblesse et du Tiers-Etat de Péronne, Montdidier et Roye, 1789, 35 p. in-12; Fidelissimæ Picardorum genti (1791), 15 p. in-8; Exposé de la conduite des administrateurs de la Somme à la Convention, 1793, 8 p. in-8. — Députés. Divers écrits politiques, ou pamphlets pour et contre l'abbé *Maury*, *Saladin*, *Choderlos-Laclos*, *Sillery*, *André Dumont*, *François*, *Louvet*, *Asselin*, *Condorcet*, *Lameth* (Alex.); Lettres sur le département de la Somme, par Dusevel, Amiens 1827, 1 vol. in-12, figures, br.; Notice sur la ville d'Amiens, 1825, 122 p. in-8, figure; Voyage de Lavallée dans le département, in-8, figures, en tout quarante-trois pièces.

158. — Babeuf (Gracchus), célèbre révolutionnaire et journaliste: G. Babeuf, tribun du peuple, à ses concitoyens, an III, 8 p. in-8; Du système de dépopulation, ou la vie et les crimes de Carrier, par Babeuf, an III, 194 p.; Portrait, on veut sauver Carrier, par le même, an III, 15 p. in-8, dérel.; les Battus paient l'amende, ou les Jacobins Jeannots, par Babeuf, an III, 24 p. in-8; les Militaires de la première division aux stipendiés de Pitt, par le général Solignac, 4 p. in-8; Réplique du citoyen Vieillard à Laignelot et Ricord, 20 p. in-8; Buonarotti au peuple français, an III, 54 p. in-8; Jugement entre Buonarotti et Constantini, an II, 13 p. in-8; Diverses pièces relatives au procès de Babeuf, Drouet et autres, en tout treize pièces.

159. — Notices. Eloge funèbre de Michel Morin, édition de Troyes, 24 p. in-12; Notice sur la vie et les travaux de Peltier, chimiste, Paris 1847, 1 vol. in-8, port., br.; Etude sur Du Cange, par Léon Feugère, 1852, in-8; Hommage sur la tombe de Desbois de Rochefort, par Mauviel, 1807; Vie privée de l'abbé Maury, 1790; Vie de Parmentier, par Virey, 1814;

Discours sur la tombe de J. Ch. Levasseur, graveur, par Bidou; Notice sur Lerminier, par Gaudet, 1836; Notice sur Larabit; Notice sur le général Laclos, par Pariset, an XII; Notice sur Delambre, par Ch. Dupin; Éloge du même, par Warmé, 1824; Discours sur la tombe de l'abbé Coupé, par Caille; Notice sur le général de Rumigny, par Tisseron, en tout quatorze pièces et 1 vol., br.

160. **TARN.** Mémoire pour la Société des Amis de la Constitution d'Albi, 1791, 17 p. in-4; Sur les élections du Tarn en l'an V, 15 p. — Députés. Opinions, rapports, discours et autres écrits de *Leroy*, *Terral*, *Daubermesnil*, *Lasource*, *Lacombe Saint-Michel* et *Robert*, vingt-sept pièces. Voyage dans le département, par Lavallée, in-8, fig.; Statistique du Tarn, par Lamarque, préfet, an IX, 79 p. in-8, rel.; Recherches sur l'ancienne cathédrale d'Albi, par E. d'Auriac, 1851. *Notices.* Oraison funèbre du général Fornier de Fénerols, par l'abbé D'Alès D'anduse, 1807, in 4; Éloge de Lapérouse, par Vinaty, et une pièce le concernant; Éloge historique du général d'Hautpoul, par Bergasse, 1807; Étude littéraire sur Magloire Nayral, par Amédée de Leyris, 1846; Notice sur la vie et la mort de Mgr Affre; la Mort de Mgr Denis A. Affre, poëme par René, en tout trente-huit pièces.

161. **TARN-ET-GARONNE.** Remontrances de la Cour des aides de Montauban, 1756-63-87; Adresse à nos seigneurs des communes, par Mathurin Breli, fermier du village d'Ainarche, 1789, 15 p.; Exposé de ce qui s'est passé à Montauban le 10 mai 1790, 16 p.; Procès-verbal de la municipalité de Montauban, 31 p.; Adresse à l'Assemblée nationale, 15 p.; Relation de l'horrible aventure de Montauban, 50 p.; Détails du blocus de Montauban, 8 p.; Arrêté des maire et officiers municipaux de Bordeaux concernant Montauban, 16 p.; Adresse des citoyens catholiques de Montauban, 12 p.; Conjuration des aristocrates de Montauban et massacre de la garde nationale; la Nouvelle Saint-Barthélemy, ou massacre horrible des protestants à Montauban, 8 p.; Adresse aux femmes de Montauban, par Mlle de Kéralio, 8 p.; Lettre du baron Dupuy Montbrun, commandant de la garde nationale montaubanoise à M. d'Ysarn de Capdeville, 16 p.; Rapport de Vieillard sur les troubles de Montauban, 72 p., rogné, et autres écrits relatifs à Montauban, vingt-deux pièces. *Notices.* Biographie de Desquiron de Saint-Aignan, 1838; Éloge véridique de Guibert, par Toulongeon, 1790; Notice sur le même, par Toulongeon, 1802; Notice sur Malleville, en tout vingt-six pièces.

162. **VAR.** La Réunion patriote, ou Minerve à Toulon, pièce en un acte, composée par un volontaire à l'occasion de l'heureuse fédération de cette ville, 13 mai 1790, 22 p. in-8; Révolution de Toulon en 1793, par Gauthier de Brécy, 1828, in-8, avec portrait de Louis XVII, et une let. aut. sig. de l'auteur; Rapport et opinion de Ducos et Perrin sur le département du Var; Rapports *d'Espert*, *Chambon*, *Bayle* (Moyse) et *Saliceti* sur leurs missions dans le Var et les Bouches-du-Rhône, an II, six pièces. — Députés. Opinions, discours, rapports et autres écrits politiques de *Siéyès*, *Mougins de Roquefort*, *Poitevin*, *Granet*, *Muraire*, *Isnard*, *Barras*, *Ricord*, etc., en tout trente-sept pièces.

163. Notices. Notes historiques sur le général Allard, par Cuvillier Fleury, 1836, in-12; Notice sur le duc de Blacas, par Laboulaye, 1840; Notice sur les travaux de Chabert; Notice sur Laurent-Pierre Berenger, par Dumas, 1836; Notice sur G. A. Olivier, 1815; Discours en l'honneur de J. M. Portalis, par Blessig, 1807; Notice sur Portalis, 1[illegible]7; Portalis, éloge historique, par Hacquin, 1845, et deux autres pièces sur la vie du même; Eloge funèbre de Muraire, par Ph. Dupin; Biographie du général Sourd, 1849; Apologie de Siéyès, par Mirabeau; Notice sur la vie de Siéyès (par lui-même); Notice sur la vie et les travaux de Siéyès, par Mignet, 1836, in-4, etc., en tout dix-sept pièces.

164. **VAUCLUSE.** Principauté d'Orange et comté d'Avignon, par de Bonne Case, 1664; Diverses affiches de 1762 à 1769; Harangue faite au duc de Bourgogne, par le procureur des Trois-Ordres du comtat Venaissin, 1701, deux pièces; Discours sur l'histoire d'Avignon, par Guerin, 1807, 1 vol. in-12, br.; Délibération de la viguerie de Tarascon, 1788, 40 p.; Catéchisme du Tiers-Etat, à l'usage de la Provence, 1789, 28 p.; Adresse du Tiers-Etat de Provence au roi, 1789, 64 p.; la Révolte des Juifs à Avignon, 1789, 8 p. in-12, *rare*; Véritable détail de la grande révolution arrivée rue du Petit Vaugirard, à l'hôtel de M. de Clermont Tonnerre, surnommé l'avocat du Pape, 8 p.; A nos seigneurs de l'Assemblée nationale, par les agents de la ville d'Avignon, 1790, 11 p. in-4; Adresse de l'Assemblée représentative du comtat Venaissin à l'Assemblée nationale, 1790, 7 p.; Conspiration des aristocrates de Carpentras et massacres des patriotes du comtat Venaissin, 1790, 10 p. in-4; Brochures de *Tramier*, *Olivier* et *Ducros*, députés du comté Venaissin; Opinions de *Maury*, *Clermont-Tonnerre*, *Malouet* et *Duchatelet* sur l'affaire d'Avignon, 1790; Liste des ultramontains, ou noms de tous ceux qui ont voté pour le Pape contre la France dans l'affaire d'Avignon, 8 p.; Acte servant à confirmer l'innocence des prisonniers avignonnais détenus à Orange, 4 p.; Observations ou motifs de Malouet, Barnave et autres sur le même sujet; les Crimes dévoilés, ou lettres d'un Avignonnais sur les troubles de sa patrie, 16 p.; Quelques réflexions sur la mémorable assemblée de Carpentras, par Antonnelli, 1790, 56 p.; Des droits des Avignonnais, avec le supplément, par Dufourny, 1790; Quelques éclaircissements sur les événements actuels du comtat Venaissin, par Tissot, 1791, 16 p.; Correspondance de l'armée avignonnaise assiégeant Carpentras, 1791, 28 p. in-8, rog.; Trois rapports de Menou sur Avignon et le comtat Venaissin, 1791; Lettre circulaire de la Société des Amis de la constitution d'Avignon sur l'assassinat de Lescuyer, signé Duprat, Fabre et Loubet; Divers écrits de *Duprat*, *Lescuyer*, *Rovère*, *de Montvert*, *Clermont-Tonnerre*, *Robécourt* et autres sur les crimes commis dans le Comtat Venaissin, neuf pièces; Cris des Avignonnais à l'Assemblée nationale, 3 p.; le Parisien et l'Avignonnais, dialogue, 4 p.; Nous jugerez-vous sans nous avoir entendus, les Avignonnais à l'Assemblée nationale, 8 p.; Horrible massacre commis par les aristocrates d'Avignon (1791), 8 p.; Patriotisme des Avignonnais et de leurs alliés, suivi du siége de Carpentras, 38 p.; Pétition de Duprat jeune à l'Assemblée

nationale, 1792, 34 p.; Deux pétitions de *Corbeau* à l'Assemblée nationale; Justification des Avignonnais et autres écrits, par Deleutre, quatre pièces; Discours sur l'affaire d'Avignon, par Brival, 1792, 30 p.; Comptes rendus de Rebecqui et Bertin, pour l'organisation des districts de Vaucluse et de Louvèze, 1792, 42 p.; P. Ruffier, patriote d'Avignon, victime de l'aristocratie du Midi, aux représentants du peuple, 1793, 8 p. in-4; Trois discours d'Agricol Moreau, an II; Procès-verbal d'installation de la Commission populaire d'Orange, an II, 20 p. in-4; Avis à la justice sur la Commission de Maignet à Orange, an III, 8 p. in-8, *rare;* Rapport du président du tribunal criminel de Vaucluse sur le procès de la Commission d'Orange, an III, 28 p. in-4; Tissot et Blaze à la Convention nationale, an III, 36 p. in-4; l'Administration municipale d'Avignon au ministre de la police, an V, 8 p. in-4; Procès-verbaux des élections de Vaucluse en l'an VII et autres pièces sur le même sujet; Motion d'ordre de Bouvier sur le brigandage exercé dans le département de Vaucluse, an VII; Diverses affiches politiques de 1815, 10 p., en tout quatre-vingt-treize pièces. Réunion historique fort importante.

165. — Députés. Question de droit public, de la restitution du comté venaissin; la Pétition du peuple avignonnais, par Bouche, cinq pièces; Correspondance de l'abbé Mulot; Supplément à son compte rendu, diverses autres pièces relatives à sa mission à Avignon; Rapport, observations, comptes rendus, etc., de Verninac et Le Scène des Maisons, sur l'affaire du comtat venaissin, dix pièces; Opinion et discours de *Sherlock*, *Bassaget* et *Girard*, en tout dix-huit pièces.

166. — Notices. Eloge du marquis de Calvières, par de Luchet, 1778, in-12; Discours sur la tombe de Pascal Tissot, 1823; Précis historique sur la vie d'Agricol Viala, par Payan, an II, 7 p.; Détail exact de la fête héroïque, pour les honneurs du Panthéon à décerner aux jeunes Barra et Viala, an II, deux portraits-médaillons dans le titre; Eloge de M. d'Orléans de la Motte, par Guillon, 1809; Eloge d'Artaud, par Dumas, 1840; Eloge funèbre de Collet, par Crivelli, 4 p.; Biographie de Fortia d'Urban, 1828; Essai sur la vie et les ouvrages de Fortia d'Urban, par Rippert-Monclar, 1840, avec une let. aut. sig. de Fortia, 1 p. in-4, en tout neuf pièces.

167. **VENDÉE.** Écoutez et croyez, bons habitants des campagnes, par un citoyen de Saint-Gilles; Sur vie, 1790, 8 p.; Pourquoi ne jurent-ils pas, ou lettres de Jallet, curé, à M. Mercy, évêque de Luçon, 1791, 32 p.; Rapport de Gallois et Gensonné, envoyés dans les départements de la Vendée et des Deux-Sèvres, 1791, 23 p.; Rapport sur le collége de Luçon, par Romme, 1792, 3 p. in-8; Opinions de *Fayau*, *Morisson* et *Gaudin*, sur le jugement de Louis XVI; Voyage dans le département, par Lavallée, 1794, in-8, fig.; Rapport sur les mesures prises par le comité de salut public, pour la poursuite des brigands de la Vendée, par Barère, an II, 59 p.; Déclaration faite au nom des Chouans, an III, 7 p. in-4; Manifeste de Charette, 1795, 8 p.; Réponse des armées catholique-royale de la Vendée et des Chouans, au Rapport de Doulcet, 1795, 16 p. in-8, *rare;* la Grande parabole d'un

curé de la Vendée, par Victor, 14 p. : le Citoyen Chapelain des Cinq-Cents à ses collègues, an IV, 24 p. ; Rapports de *Chapelain*, *Goupilleau*, *Pavie*, *Luminais* et *Chaigneau*, sur la privation des droits politiques des chefs des rebelles; Acte d'accusation de Cormatin et Notice sur sa vie; Supplément à la vie de Charette, par Lebouvier Desmortiers, 1814, etc.; Strophes au représentant Goupilleau; Biographie du comte de Mesnard; Lois relatives au département, etc., en tout quarante et une pièces.

168. — Représentants du peuple ou commissaires du pouvoir exécutif, en mission dans la Vendée; Rapport de Richard et Choudieu sur la guerre de la Vendée, an II, 125 p. ; Rapports de Thibaudeau sur sa mission près l'armée des côtes de la Rochelle, an II, 15 p. ; Rapport et autres pièces de Francastel, Garreau et Hentz, an II; Compte rendu de Gaudin, 16 p.; Guerre de la Vendée et des Chouans, par Lequinio, an III, 250 p.; la Guerre de la Vendée, par Vial, 50 p. in-18 ; Causes de la guerre de la Vendée et des Chouans, par Vial, *Angers* an III, 223 p. in-8; Récit de la mission de Saint-Félix à l'armée de la Vendée, 31 p. ; Examen des ouvrages de Musquinet de Saint-Félix sur sa mission a l'armée de la Vendée par Santerre, 1793, 12 p. ; *Généraux* commandants dans la Vendée; Quelques réflexions sur la guerre de la Vendée et des Chouans, par le général Dutertre, 21 p. ; Déclaration du général Gaston près Fontenay-le-Comte, 1793, anglais et français, 16 p. ; Sandoz à ses concitoyens, 1793, 22 p. ; Haindel à la Convention, an III, 7 p. ; Campagne de la Vendée du général Westermann, an II, 42 p.; Westermann à Couthon, 8 p. in-8 ; Copie d'une lettre de Westermann aux Jacobins, an II, 20 p. in-8 ; le Général Tuncq à ses concitoyens, 1793, deux pièces ; Réponse aux écrits précédents, par le général Alexandre Berthier, 3 p. in-4; Réponse du général Tuncq à Daubigny, 99 p. in-8. Dénonciation contre les généraux Turreau, Huchet, Duquesnoy et Cordelier, an II, 15 p. in-8, en tout 24 pièces.

169. — Mémoires de Mme Sapinaud, *Paris* 1824, 1 vol. in-12; de Turreau, 1815, 1 vol. in-8 ; Mémoire relatif à l'armée du Maine en 1815, par le comte d'Ambrugeac, 1816, 92 p. ; Mémoires sur la campagne de 1815 dans la Vendée, par Ch. d'Autichamp, 1817, 1 vol. in-8; Réponse à Canuel par le général Lamarque, 1818, 95 p. ; Histoire des généraux et chefs vendéens par Cretineau Joly 1838, 1 vol. in-8 ; Pièces inédites sur la guerre civile de l'Ouest, publiés par Grille, 1847, in-8, en tout sept vol. br.

170. **VIENNE** (La). Comté de Poitou par de Bonnecase, 1664, in-18 ; Détails sur ce qui s'est passé au château de la Proutière, 1791, 7 p. ; Rapports de Piorry sur sa mission dans la Vienne, an II ; Rapport de Chauvin sur les désordres du département de la Vienne, an III, 99 p. ; Comptes rendus de Lejeune et Ingrand, De leurs missions dans la Vienne, an II ; Ecrits sur les élections de la Vienne en l'an VII ; Histoire du Terrorisme dans le département de la Vienne par Thibaudeau, 84 p. ; Voyage dans le département, par Lavallée, in-8, fig. ; Description du département de la Vienne, par Cochon, an X, 97 p. Notice sur le palais des comtes de Poitou, 1851. — *Députés*. Rapports, opinions et divers écrits politiques de *Creuzé La-*

touche, *Creuzé Pascal*, *Rampillon*, *Bion*, *Thibeaudeau*, *Félix Faulcon*, vingt et une pièces, en tout quarante et une pièces.

171. **VIENNE** (Haute). Lettre de Brival à la Société populaire de Limoges, an II, 8 p.; Rapport de Borie en mission dans la Haute-Vienne et la Corrèze, an II, 40 p.; Rapport de Chauvin sur les désordres des départements de la Vienne de la Haute-Vienne et de la Creuse, an III, 99 p.; Procès-verbaux de l'Assemblée électorale de la Haute-Vienne, en l'an VII, avec les rapports de Mourer et de Depere, sur le même sujet, huit pièces. *Députés.* Rapports, discours et autres écrits politiques de *Chaubry*, *Nourissart*, *Jourdain*, *Lesterp Beauvais*, *Soulignac*, *Rivaud*, *Creuzé Pascal*, *Creuzé Latouche*, *Bordas*, vingt-six pièces. Voyage dans le département, par Lavallée, in-8, fig., br. — *Notices.* Notice sur Jourdan, discours prononcé sur sa tombe et Jourdan dévoilé aux yeux du peuple, an VII, 8 p., *rare;* Notice sur le général Du Repaire, par de Grosson, 1826; Discours sur le patron des artisans (Saint-Eloy), par Villenave, 1835; Eloge de Marmontel, par Morellet, 1805; Notice sur Marmontel, par Villenave, 1820; Notice sur le même, par Saint-Surin, 1824; Eloge du chancelier Daguesseau, par Boinvilliers, 1848; Essai sur Dupuytren, par Vidal de Cassis, 1835; Notice sur le comte de Bermondet de Cromicières, 1852, en tout trente-six pièces.

172. **VOSGES.** Cahier du bourg de Vicheray, 1789, 20 p.; la Papillote ou mandement de Mgr l'évêque de Madon, 1789, 51 p.; Rapport des commissaires de l'Assemblée nationale envoyés dans le département des Vosges, 1791, 18 p. in-8; Extrait des procès-verbaux de la Société des Amis de la Constitution de Saint-Dié, 1791, 4 p. in-4; Deux placards de 1793; Voyage dans le département, par Lavallée, 1793, in-8, fig., br. — *Députes.* Rapports, discours, opinions et autres écrits de *Carant*, *Perrin*, *Balland*, *Couhey*, *Delpierre*, *Souhait*, *Richard*, *Dubois*, *François de Neufchateau*, *Poulain Grandprey*. — *Notices.* Eloge d'Aubry, bénédictin; Notice sur l'abbé Georgel; Essai sur François de Neufchateau; Eloge de P. Thouvenel, par Haldat, etc., en tout quarante-neuf pièces.

173. **YONNE.** Lettres sur la sœur Eustoquie, carmélite de Sens, à M. l'abbé Rigault, visiteur général, manuscrit daté de Sens, 2 avril 1758, 93 p. in-4; Confession de M. de Calonne à l'archevêque de Sens, 1789, 15 p.; Dialogue entre l'archevêque de Sens et Chrétien de Lamoignon, avec l'épître du diable à ces deux ex-ministres, 28 p. in-8; Mémoire pour les habitants d'Auxerre, mis en état d'arrestation pour s'être offerts comme ôtages de la liberté du roi, par de Rozoi, 1791, 8 p. in-8, *rare;* Mémoire pour la ville de Tonnerre, 16 p. in-8; Arrêté de la municipalité de Sens, 1789, 8 p. in-4; Exposé de la conduite de Jacquesson Vauvignol et Gachet de Sainte-Suzanne, députés de la ville de Tonnerre, 1790, 12 p. in-8; Aux représentants de la nation, par de Mattei et Dufruit de Montereau, 1791, 16 p.; l'Administration de l'Yonne à ses administrés, an II, 16 p. in-18; Pétition de J. F. Mattei, 1791; Adresse d'une parente du capitaine Thurot, 1791, et Mémoire pour Suzanne Gandouard, an II, 3 p. in-4; Voyage dans le département, par Lavallée, 1793, in-8, fig., br.; Proclamation

du prince de Wrède, datée d'Auxerre, 2 septembre, 1815, placard in-fol. — *Députés.* Rapports, opinions, discours et autres écrits politiques de *Laureau*, *Housset*, *Gau*, *Rougier Labergerie*, *Moreau*, *Hérard*, *Villetard*, *Bourbotte*, *Maure*, *Boilleau*, *Lepeletier*, *Turreau*, *Paradis* et *Malus*, en tout cinquante pièces.

174 Notices. Notice sur le docteur Colombe, par Tisseron; Eloges funèbres de Regnault, Eschausses et Durand, curés de Vaux, de Bazannes et de Villiers-le-Bel, 1797, in-12; Vie de Michel Lepeletier, par Félix Lepeletier, 1793; Eloge de Lepeletier, par Tobie, 1793; Discours funèbre à la mémoire de Lepeletier, par Villenave, 1793; Notice sur Marie, par Moulin; Eloge funèbre de Davout, par Jourdan; Eloge historique de Fourier, par Arago, in-4; Notes biographiques pour l'éloge de Fourier, par Cousin, in-4, etc., en tout treize pièces.

L'AMATEUR D'AUTOGRAPHES

PARAISSANT LES 1er ET 16 DE CHAQUE MOIS.

C'est le seul journal spécial sur cette matière. Il s'occupe de tout ce qui a rapport aux autographes, publie dans chaque numéro des pièces inédites intéressantes et donne de curieux renseignements sur les archives départementales.

On s'abonne, à Paris, chez M. Charavay, expert en autographes, rue des Saints-Pères, 18.

PRIX DE L'ABONNEMENT :

Un an . . . . 12 fr. | Six mois. . . . . . . 6 fr.

Pour l'étranger le port en sus.

Strasbourg, typographie de G. Silbermann.

www.ingramcontent.com/pod-product-compliance
Ingram Content Group UK Ltd.
Pitfield, Milton Keynes, MK11 3LW, UK
UKHW020422180726
13839UKWH00003B/1364